W0358695

Schnell und sicher

Maschinenschreiben am PC

Wort- und Fließtextübungen
für das Zehnfingersystem

Die normgerechte Gestaltung von
Briefen nach DIN 5008 Neu

Für Schule,
Kurse und Selbstunterricht

Margot Kempkes

ORBIS VERLAG

Inhalt

Erarbeitung des Tastenfeldes nach DIN 2137

Formgestaltung nach DIN 5008 Neu

Erarbeitung des Tastenfeldes nach DIN 2137

Einleitung zum ersten Teil

Maschinenschreiben ist genauso leicht oder schwer zu erlernen wie vieles andere auch. Sie sollten Folgendes allerdings besonders beachten:

● Es ist sehr wichtig, wie Sie sitzen!
Wenn Sie nicht richtig sitzen, ermüden Ihre Arme und Hände und Ihr Rücken tut weh. Nach längerem Schreiben können Sie gelegentlich Gymnastikübungen zur Lockerung der Finger machen (siehe Seite 7).

● Es ist sehr wichtig, wie Sie schreiben!
Die Grundstellung (siehe Seite 8) ist Voraussetzung für das blinde „Tastschreiben“. Wenn Sie möglicherweise im „Zweifingersystem“ zu schreiben versuchen, pendeln Sie zwangsläufig mit den Augen zwischen Textvorlage, geschriebenem Text und Tastenfeld hin und her. Damit schreiben Sie niemals ruhig und sicher und schon gar nicht schnell. Gewöhnen Sie sich also gleich von Anfang an daran, nicht auf die Tasten oder das Geschriebene zu sehen.

● Es ist sehr wichtig, im Takt zu schreiben!
Sprechen Sie immer den einzelnen Buchstaben und das Wort „leer“ für eine Leertaste, dann haben Sie das richtige „Anfangstempo“.

● Wichtige Funktionssymbole
Die Kennzeichnung der Funktionstasten der Schreibmaschine mit Symbolen ist genormt (DIN 2130). Die folgende Übersicht zeigt und erläutert nur die wichtigsten dieser Funktionssymbole.
Der erste Teil dieses Buches ist so aufgebaut, dass jeweils auf der linken Seite die Erarbeitung der Griffe erfolgt. Auf der rechten Seite finden Sie die entsprechende Weiterführung mit Griff-, Wort- und Satzübungen. Zusätzliche Tipps und Lernhilfen sorgen dafür, dass Sie auch nach längerem Schreiben noch „topfit“ sind. Bei umfangreichen Texten sind die Anschläge pro Zeile am Seitenrand angegeben. Dabei ist zu beachten, dass Leerschritte mitgezählt werden und alle Buchstaben mit Betätigung der Umschalttaste (z. B. Großbuchstaben, Anführungszeichen) doppelt zählen.

Viel Erfolg und Spaß beim Schreiben!

Funktionstasten der Schreibmaschine nach DIN 2130

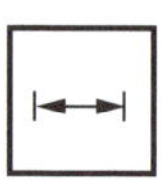

Randstelltaste
für Anfangs- und Endrandstellung

Randlöser
für einmaliges Überschreiben des eingestellten Randes

Rückführtaste mit Zeilenschritt

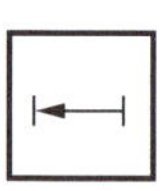

Rücktaste
für Rückführung des Wagens oder Typenträgers

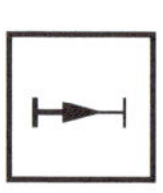

Halbschritttaste
zum Einfügen vergessener Schriftzeichen

R-Taste Dauerfunktion
(Repetition) für ES und EON

Korrekturtaste
zum Löschen von Schriftzeichen (bei EON)

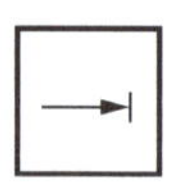

Tabuliertaste
zum Ansteuern der eingestellten Tab-Stopps

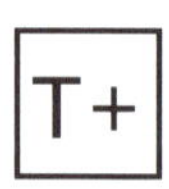

Tabulatorsetzer
zum Setzen der einzelnen Tab-Stopps

Tabulaturlöscher
zum Löschen gesetzter Tab-Stopps

Halbzeilenschaltung vorwärts
für Hochstellung von Schriftzeichen

Halbzeilenschaltung rückwärts
für Tiefstellung von Schriftzeichen

Das Tastenfeld der Schreibmaschine
Schriftzeichenbelegung nach DIN 2137 (Tastatur 102 A)

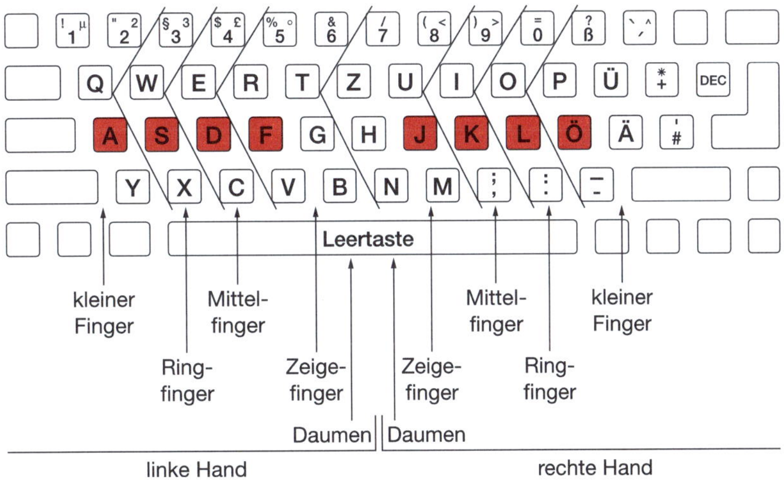

Genormte Computertastatur mit mehreren Tastaturblöcken
(sog. MF-II-Tastatur, Multifunktionstastatur)

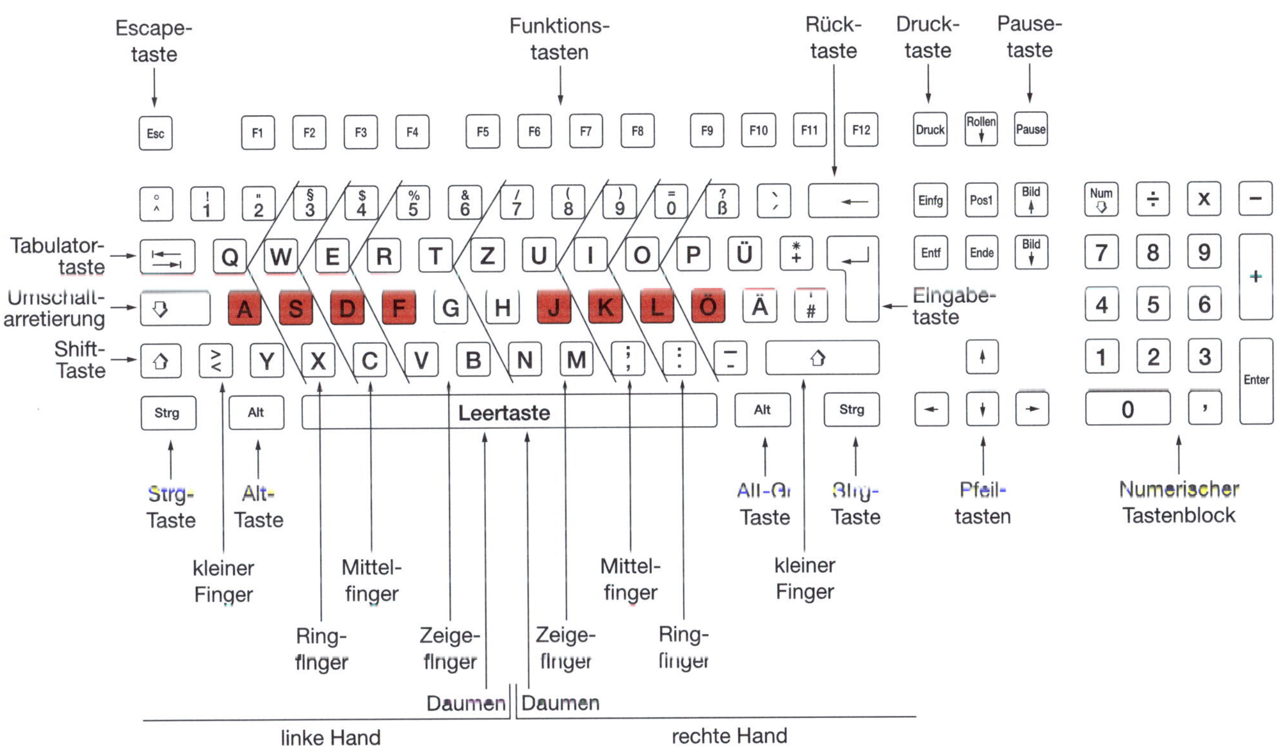

In der Schweiz gebräuchliche Tastaturen

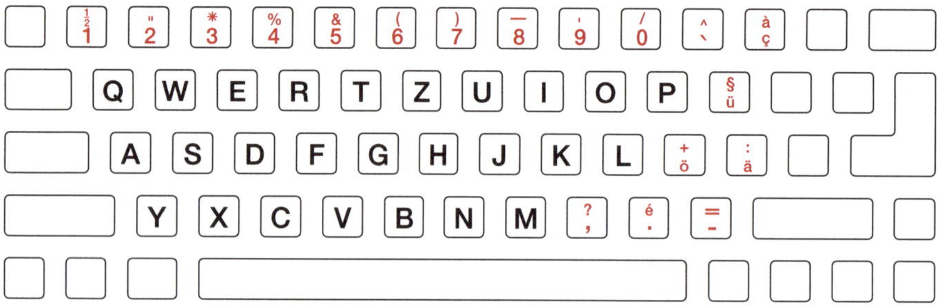

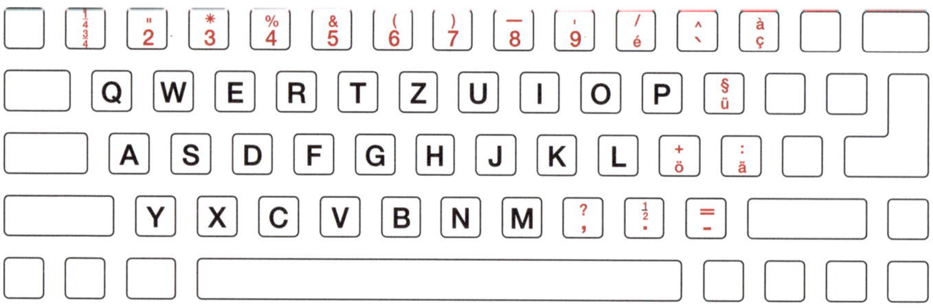

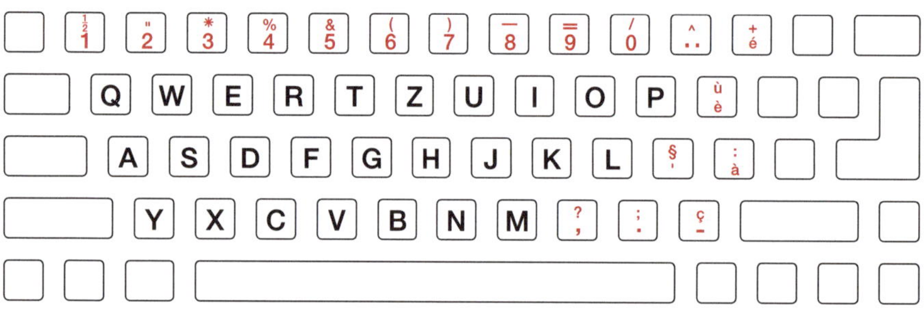

Gymnastikübungen zur Lockerung der Finger

1. Falten Sie beide Hände fest ineinander, lassen Sie sie wieder los und schütteln Sie die Hände kräftig aus.

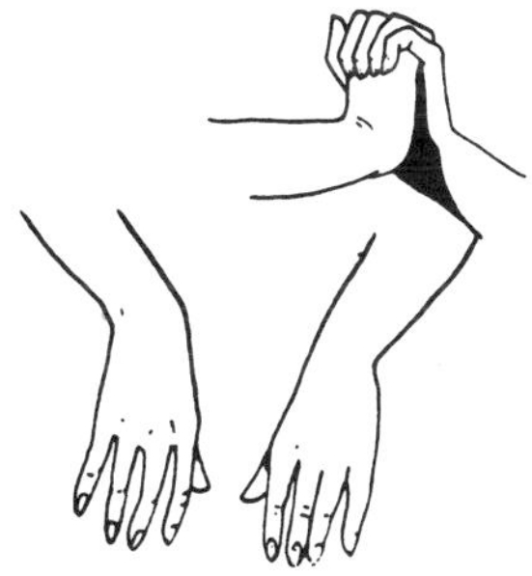

1.

2. Bewegen Sie den gestreckten Finger in der Luft oder auf einem Tisch so, als ob Sie Klavier spielen würden.

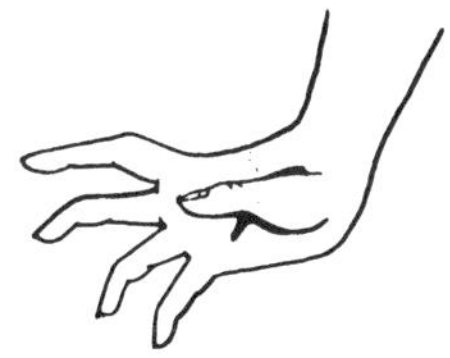

2.

3. Spreizen Sie jeden einzelnen Finger der Hand und nehmen Sie ihn dann in die Handfläche herein, bis Sie zum Schluss eine Faust gebildet haben. Sie beginnen diese Übung mit dem kleinen Finger.

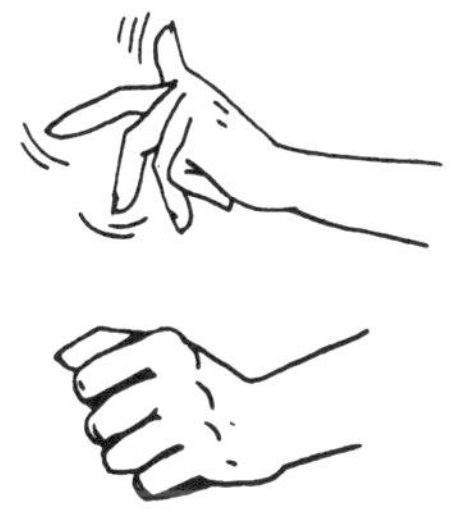

3.

4. Bewegen Sie jeden gespreizten Finger einzeln, und zwar zuerst vor und zurück und dann seitlich hin und her.

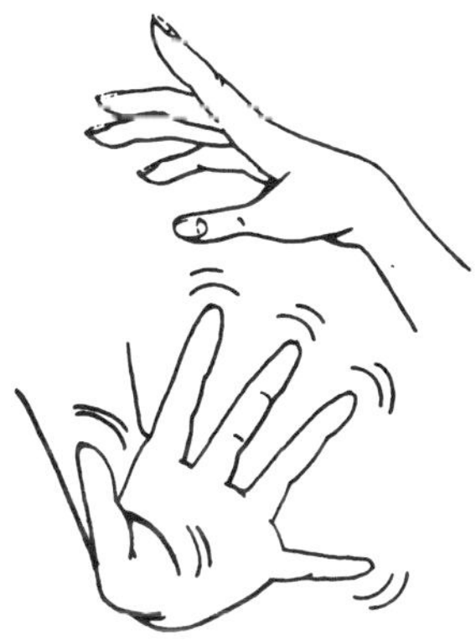

4.

5. Drehen Sie die gestreckte Hand kreisförmig, erst nach rechts und dann nach links.

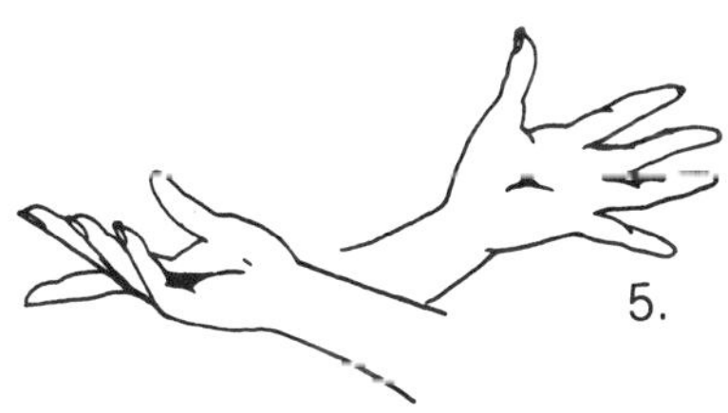

5.

6. Winken Sie abwechselnd mit jeder Hand zuerst vor und zurück, dann seitlich hin und her.

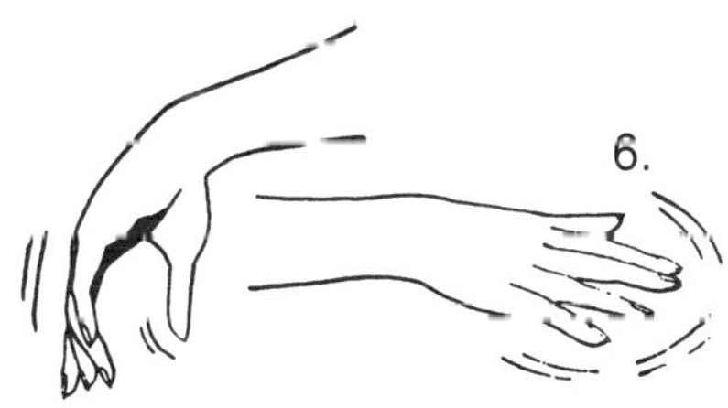

6.

7. Schließen Sie beide Hände gleichzeitig zur Faust. Öffnen und schließen Sie die Hände einige Male schnell hintereinander.

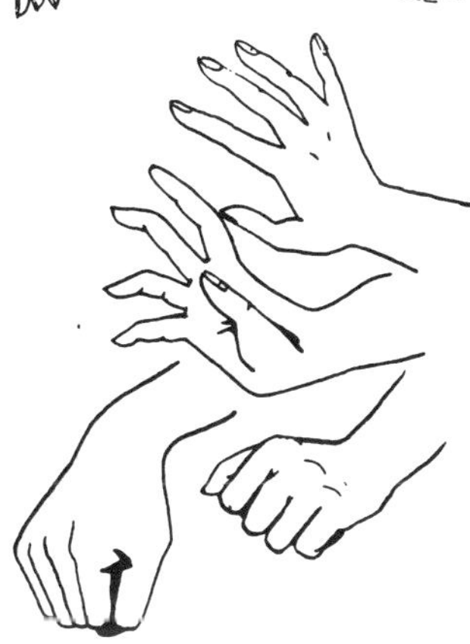

7.

Lektion 1:
Grundstellung

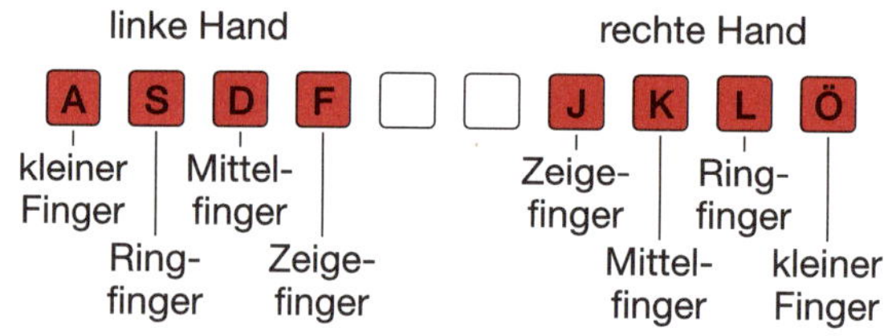

Tipp: Sprechen Sie (nur zu Hause) laut und deutlich jeden Buchstaben und auch das Leerzeichen mit.

Erarbeitung der Grundstellung

1 ffff jjjj ffff jjjj ffff jjjj ffff jjjj ffff jjjj ffff jjjj
2 ffjj ffjj ffjj ffjj ffjj ffjj fjfj fjfj fjfj fjfj fjfj fjfj

3 dddd kkkk dddd kkkk dddd kkkk dddd kkkk dddd kkkk dddd kkkk
4 ddkk ddkk ddkk ddkk ddkk ddkk ddkk ddkk ddkk ddkk ddkk ddkk

5 ssss llll ssss llll ssss llll ssss llll ssss llll ssss llll
6 ssll ssll ssll ssll ssll ssll slsl slsl slsl slsl slsl slsl

7 aaaa öööö aaaa öööö aaaa öööö aaaa öööö aaaa öööö aaaa öööö
8 aaöö aaöö aaöö aaöö aaöö aaöö aöaö aöaö aöaö aöaö aöaö aöaö

9 asdf jklö asdf jklö asdf jklö asdf jklö asdf jklö asdf jklö
10 fdsa ölkj fdsa ölkj fdsa ölkj fdsa ölkj fdsa ölkj fdsa ölkj

11 afa aja afa aja ada aka ada aka asa ala asa ala aöa aöa asd
12 öjö öfö öjö öfö ökö ödö ökö ödö ölö ösö ölö ösö öal ösk ölk

13 öl ja öl ja öl ja öl öd da öd da öd da sö la sö la sö la sö
14 lö aj lö aj lö aj lö dö ad dö ad dö ad ös al ös al ös al ös

Festigung durch Wortübungen

15 all als all als all als all als all als all als all als all
16 das las das las das las das las das las das las das las das

17 das das das las las las als als als das las als das las als
18 las las las als als als das das das als las das als das las

19 da all das las da all das las da all das da all das als las
20 da all das las da all das las da all das da all das als las

21 ja lös das ja lös das ja lös das ja lös das ja lös da ja da
22 ja lös das ja lös das ja lös das ja lös das ja lös da ja da

23 da ja öd fad da ja öd fad da ja öd fad da ja öd fad das las
24 da ja öd fad da ja öd fad da ja öd fad da ja öd fad das las

25 da ja öd da ja öd das lös fad das lös fad da ja öd da ja da
26 das las lös das las lös als das fad als das fad da öl da ja

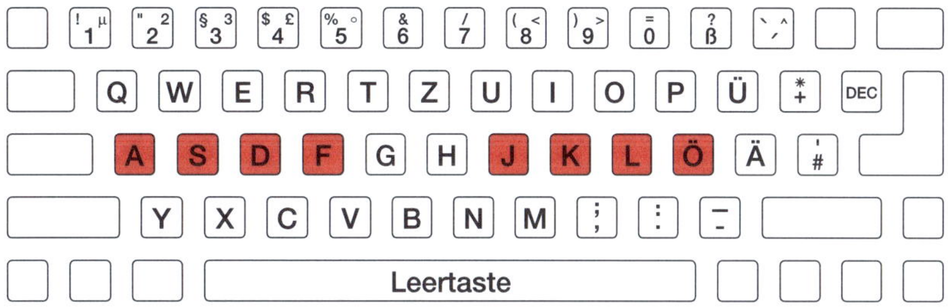

Tipp: Schreiben Sie immer von Ihrer Vorlage ab. Sehen Sie nicht auf das, was Sie geschrieben haben.

Schreibsicherheit durch Griffübungen

27 asdf jklö asdf jklö asdf jklö asdf jklö asdf jklö asdf jklö
28 jklö asdf jklö asdf jklö asdf jklö asdf jklö asdf jklö asdf

29 ölkj fdsa ölkj fdsa ölkj fdsa ölkj fdsa ölkj fdsa ölkj fdsa
30 fdsa ölkj fdsa ölkj fdsa ölkj fdsa ölkj fdsa ölkj fdsa ölkj

31 asdfjklö asdfjklö asdfjklö asdfjklö asdfjklö asdfjklö asdfj
32 jklöasdf jklöasdf jklöasdf jklöasdf jklöasdf jklöasdf jklöa

33 jfkdlsöa jfkdlsöa jfkdlsöa jfkdlsöa jfkdlsöa jfkdlsöa jfkdl
34 öalskdjf öalskdjf öalskdjf öalskdjf öalskdjf öalskdjf öalsk

35 afa aja ada aka asa ala aöa afa aja ada aka asa ala aöa afa
36 öjö öfö ölö ösö ökö ödö öjö öfö ölö ösö ökö ödö öja öfa öka

37 aöaöjö ajaöfö adaölö akaösö asaökö alaödö aöaöjö afaöfö aöj
38 öföafa öjöaöa ödöala ököasa ösöaka ölöada öföaja aöfjaö kfj

39 sla sal sad sla sal sad sla sla sal sad sla sal sad sla sll
40 als las das als las das als las das als las das als las das

41 sad söl aj sad lla ad aj lö sad söl aj sad lla ad aj lö aja
42 das lös ja das all da ja öl das lös ja das all da ja öl das

Lernkontrolle durch Wortübungen

43 ja das las ja das lös ja das las ja das lös ja das las da j
44 ja das las ja das lös ja das las ja das lös ja das las ja a

45 das lös ja all das lös ja all das lös ja all das lös da das
46 das lös ja all das lös ja all das lös ja all das lös da all

47 ja das fad ja das fad ja das fad ja das fad ja das fad da s
49 ja das fad ja das fad ja das fad ja das fad ja das fad ja f

49 das las als all lös fad öd öl da ja das las als all ja da s
50 das las als all lös fad öd öl da ja das las als all ja da l

Merkregel: Schreiben Sie nach jeder Übung die falsch geschriebenen Wörter jeweils eine Zeile lang, damit Sie sie dann fehlerfrei schreiben können.

Lektion 2:

Griffe e und i

Tipp: Halten Sie Ihre Handgelenke waagerecht, legen Sie sie auf gar keinen Fall auf dem Maschinenrahmen auf.

Erarbeitung der Griffe e und i

1 dede kiki dede kiki dede kiki dede kiki dede kiki dede kiki
2 deki kide deki kide deki kide deki kide deki kide deki kide

3 dedf kikj deds kikl deda kikö dedf kikj deds kikl deda kikö
4 didf kekj dids kekl dida kekö didf kekj dids kekl dida kekö

5 deed kiik deed kiik deed kiik deed kiik deed kiik deed kiik
6 dedi kike dedi kike dedi kike dedi kike dedi kike dedi kike

7 dedkik dedkik dedkik dedkik dedkik dedkik dedkik dedkik ded
8 jedfik jedfik jedfik jedfik jedfik jedfik jedfik jedfik dfi

9 ella esöl esel edal lede ellaf ella esöl esel edal lede ell
10 alle löse lese lade edel falle alle löse lese lade edel all

11 esöl sella edal sella esel sella edö sella elde lla sad lla
12 löse alles lade alles lese alles öde alles edle all das all

Festigung durch Wortübungen

13 lies dies leise dies sei leise lies dies leise dieses leide
14 lies dies leise dies sei leise lies dies leise dieses leide

15 eile leise dieses alles sie lese dieses alles leise sei die
16 eile leise dieses alles sie lese dieses alles leise sei die

17 fade öde löse alle falle lasse fade öde löse alle falle sie
18 fade öde löse alle falle lasse fade öde löse alle falle sie

19 dies sei lila fasse das alles löse dies alles dieses sei da
20 alles eile jedes lies leise alles eile jedes lies leise all

21 sei edel das sei edel diese sei edel dieses sei edel sei da
22 seid leise dies sei ideal sie lief leise sie fiel leise die

Merkregel: Erst wenn Sie jeden Buchstaben sicher greifen können, dürfen Sie zur nächsten Übung übergehen.

Die Pfeile zeigen an, mit welchem Finger der neu zu erlernende Buchstabe angeschlagen wird (jeweils ausgehend von der Grundstellung); das E also beispielsweise mit dem Mittelfinger der linken Hand. (Vgl. dazu auch S. 5).

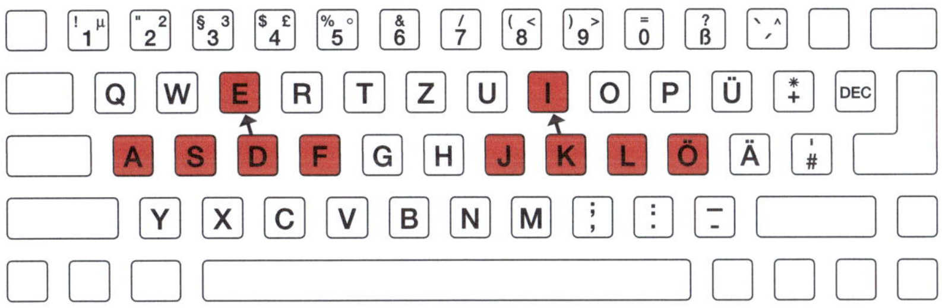

Tipp: Prägen Sie sich den Bewegungsablauf der Finger beider Hände genau ein.

Schreibsicherheit durch Griffübungen

23 fdsajklö fdsajklö fdsajklö fdsajklö fdsajklö fdsajklö fdsaj
24 ölkjasdf ölkjasdf ölkjasdf ölkjasdf ölkjasdf ölkjasdf ölkja

25 asdedfölkikj asdedfölkikj asdedfölkikj asdedfölkikj asdedfö
26 jkikölfdedsa jkikölfdedsa jkikölfdedsa jkikölfdedsa jkikölf

27 adedf ökikj adedf ökikj adedf ökikj adedf ökikj adedf ökikj
28 jaded fökik jaded fökik jaded fökik jaded fökik jaded fökik

29 jiklö fedsa jiklö fedsa jiklö fedsa jiklö fedsa jiklö fedsa
30 ölijk asefd ölijk asefd ölijk asefd ölijk asefd ölijk asefd

Lernkontrolle durch Wortübungen

31 seid seid esiel sella ellaf esiel seseid edö alil lede dies
32 lies dies leise alles falle leise dieses öde lila edel seid

33 elie esiel seseid sella eis esel seseid sella esiel eis ies
34 eile leise dieses alles sie lese dieses alles leise sie sei

35 edeis ellaf ella esöl edö edaf essal ellaf ella esöl edö ed
36 siede falle alle löse öde fade lasse falle alle löse öde fa

37 seid dies eile seid dies eile seid dies eile seid dieses ei
38 seid dies eile seid dies eile seid dies eile seid dieses ei

39 es sei dies alles leise es sei dies alles leise es sei dies
40 es sei dies alles leise es sei dies alles leise es sei dies

41 fiel feil fidele feil fiel lief fiel feil fidele feile fiel
42 fiel feil fidele feil fiel lief fiel feil fidele feile fiel

43 sei sie sei die eid die eid alle alles alle alles diese die
44 sei sie sei die eid die eid alle alles alle alles diese die

45 fiel fiel fiel feil feil feil fiel fiel fiel feil feil feil
46 lief lief lief eile eile eile lief lief lief eile eile eile

Merkregel: Sicherheit geht vor Geschwindigkeit. Nach jedem Abschnitt ist eine Fehlerkontrolle unerlässlich.

Lektion 3:

Umschalter

Merkregel: Großbuchstaben der rechten bzw. linken Seite der Tastatur erhalten Sie, wenn Sie den linken bzw. rechten Umschalter abdrücken. Der Umschalter ist stets mit dem kleinen Finger zu bedienen.

Der Schreibrhythmus ist hier besonders wichtig; jeder Großbuchstabe hat drei Anschlagzeiten.

1. Umschalter abdrücken
2. Buchstaben anschlagen
3. Umschalter loslassen

Erarbeitung der beiden Umschalter

Jede Zeile 5-mal fehlerfrei und rhythmisch schreiben.

1 öÖö öÖö aAa aAa lLl lLl sSs sSs kKk kKk dDd dDd jJj jJj fFf F
2 öÖö öÖö aAa aAa lLl lLl sSs sSs kKk kKk dDd dDd jJj jJj fFf F

3 Ja Ja Fö Fö Ka Ka Dö Dö La La Sö Sö Öa Öa Aö Aö Ja Fö Ka Dö L
4 Ja Ja Fö Fö Ka Ka Dö Dö La La Sö Sö Öa Öa Aö Aö Ja Fö Ka Dö L

5 öJ aJ aF öF öK aK aD öD öL aL aS öS öA aÖ sA lÖ kA dÖ jA fÖ a
6 öJ aJ aF öF öK aK aD öD öL aL aS öS öA aÖ sA lÖ kA dÖ jA fÖ a

7 Jaf Föj Jad Fök Jas Föl Jaa Föö Jaö Föa Jal Fös Jak Föd Ja Fö
8 Jaf Föj Jad Fök Jas Föl Jaa Föö Jaö Föa Jal Fös Jak Föd Ja Fö

9 öF aJ döF kaJ söF laJ aöF öaJ ööF aaJ löF saJ köF daJ jöF faJ
10 öF aJ döF kaJ söF laJ aöF öaJ ööF aaJ löF saJ köF daJ jöF faJ

Festigung durch Wortübungen

11 Aal Aal Aal Aas Aas Aas Aal Aas Aal Aas Aal Aas Aal Aas Aal A
12 Aal Aal Aal Aas Aas Aas Aal Aas Aal Aas Aal Aas Aal Aas Aal A

13 Öle Öle Öle Öde Öde Öde Öle Öde Öle Öde Öle Öde Öle Öde Öle Ö
14 Öle Öle Öle Öde Öde Öde Öle Öde Öle Öde Öle Öde Öle Öde Öle Ö

15 Eile Seide Seile Eile Seide Seile Eile Seide Seile Eile Seide
16 Eile Seide Seile Eile Seide Seile Eile Seide Seile Eile Seide

17 die Seide die Eile die Seide die Eile die Seide die Eile Aale
18 die Seide die Eile die Seide die Eile die Seide die Eile Aale

19 die Öle die Aale die Öle die Aale die Öle die Aale die Öle Öl
20 die Öle die Aale die Öle die Aale die Öle die Aale die Öle Öl

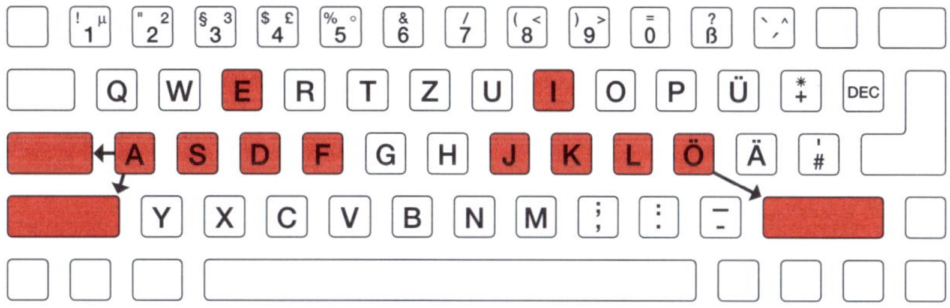

Tipp: Achten Sie bei der Großschreibung auf eine saubere Bedienung der Umschalttasten.

Sprechen Sie die Tastwege der Buchstaben ruhig mit, auch die Leerzeichen.

Beachten Sie bitte: Interpunktionszeichen werden bis auf weiteres durch Leerzeichen ersetzt.

<u>Schreibsicherheit durch Wortgruppen</u>

21 diese Seide alle Keile des Eides diese Löffel diese Seele
22 diese Seide alle Keile des Eides diese Löffel diese Seele

23 diese fidele Liesel dieses ideale Lied Liesa lies das leise
24 diese fidele Liesel dieses ideale Lied Liesa lies das leise

25 die Seide dieses Kleides diese Seide des Kleides ideales Ei
26 die Seide dieses Kleides diese Seide des Kleides ideales Ei

27 diese ideale Kasse dieses ideale Kleid diese Diele das Eis
28 diese ideale Kasse dieses ideale Kleid diese Diele das Eis

29 diese leise Kasse diese Eisdiele diese Eislöffel die Seele
30 diese leise Kasse diese Eisdiele diese Eislöffel die Seele

<u>Lernkontrolle durch Satzübungen</u>

31 Fasse die Seide dieses Kleides Fasse diese Seide des Kleides
32 Fasse die Seide dieses Kleides Fasse diese Seide des Kleides

33 Liesel löse leise diese Kaffeelöffel Ja alles ideale Löffel
34 Liesel löse leise diese Kaffeelöffel Ja alles ideale Löffel

35 Liesel lies leise dieses Lied Dieses Lied lies leise Liesel
36 Liesel lies leise dieses Lied Dieses Lied lies leise Liesel

37 Liesel fasse diese Eislöffel Ja Liesel fasse alle Eislöffel
38 Liesel fasse diese Eislöffel Ja Liesel fasse alle Eislöffel

Tipp: Sitzen Sie beim Schreiben gerade und entspannt. Beide Füße stehen fest auf dem Boden, nur so beugen Sie den gefährlichen Wirbelsäulenschäden vor.

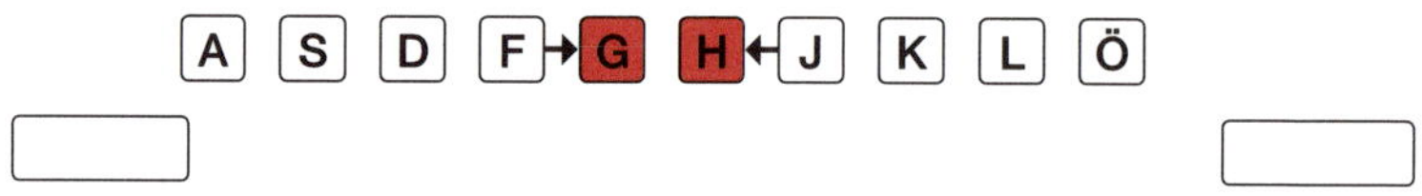

Lektion 4:

Griffe g und h

Tipp: Schreiben Sie möglichst im Takt und schauen Sie beim Schreiben nur auf Ihre Vorlage, nicht auf die Tastatur und auch nicht auf das Schreibblatt.

Erarbeitung der Griffe g und h

1 asdfgfölkjhj asdfgfölkjhj asdfgfölkjhj asdfgfölkjh asdfgfölkj
2 ölkjhjasdfgf ölkjhjasdfgf ölkjhjasdfgf ölkjhjasdfg ölkjhasdfg

3 fgf jhj gfd hjk gfs hjl gfa hjö fgf jhj gfd hjk gfs hjl gfa h
4 öhj agf öhk agd öhl ags öhj agf öhk agd öhl ags öhj agf öhk g

5 hHj gGf hHj gGf Hjh Gfg Hjh gFg Hkl Gds Hlö Gsa Hil Ges HH GG
6 Heg Geh Hag Gih Hie Gei Hei Gie Hid Gid Hel Gel Hal Göl Halle

Festigung durch Wortübungen

7 Jagd Jagd Jagd Jagd Jagd Jagd Jagd Jagd Jagd Jagd Jagd Jagd J
8 Lage Lage Lage Lage Lage Lage Lage Lage Lage Lage Lage Lage L

9 Jagd Lage Jagd Lage Jagd Lage Jagd Lage Jagd Lage Jagd Lage J
10 Sage Lage Jagd Sage Lage Jagd Sage Lage Jagd Sage Lage Jagd S

11 half Haag sage Sieg sehe Glas gehe Gala sieh Sieg lies Affe H
12 sage Agfa half Jagd hege Haff lies Hall gehe Hase sehe Hefe S

Festigung durch Wendungen

13 das Jagdglas die Lage des Jagdglases die Lage dieses Glases
14 das Jagdglas die Lage des Jagdglases die Lage dieses Glases

15 die eisige See die eilige Hilfe die öde Höhle die Eisdiele
16 die eisige See die eilige Hilfe die öde Höhle die Eisdiele

17 die Lage des Haffes hege diese Aale diese heilige Halle Öl
18 die Lage des Haffes hege diese Aale diese heilige Halle Öl

Lernkontrolle durch Satzübungen

19 Aha da lag ja das Jagdglas Gisela sah die eisige öde Höhle
20 Aha da lag ja das Jagdglas Gisela sah die eisige öde Höhle

21 Als Adelheid diese eisige See sah da half sie eilig Gisela
22 Als Adelheid diese eisige See sah da half sie eilig Gisela

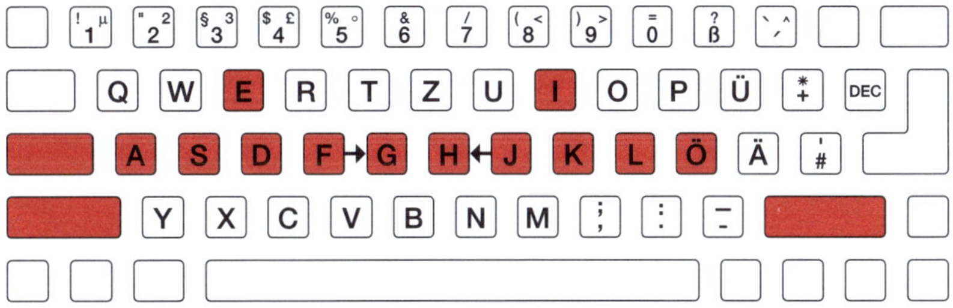

Tipp: Wechseln Sie auch mit Ihrer Schreibvorlage von der rechten auf die linke Seite oder umgekehrt, damit Sie von beiden Seiten abschreiben können.

Sicherheit durch Griffwiederholung = Fingergymnastik

23 jhiikihh jhiikihh jhiikihh jhiikihh jhiikihh jhiikihh jhiikik
24 fgeedegg fgeedegg fgeedegg fgeedegg fgeedegg fgeedegg fgeedeg

25 öikk aedd öikk aedd öikk aedd öikk aedd öikk aedd öikk aedd ö
26 likk sedd likk sedd likk sedd likk sedd likk sedd likk sedd l

27 kikk dedd kikk dedd kikk dedd kikk dedd kikk dedd kikk dedd k
28 jikk fedd jikk fedd jikk fedd jikk fedd jikk fedd jikk fedd j

29 aikö öeda aikö öeda aikö öeda aikö öeda aikö öeda aikö öeda a
30 sikö leda sikö leda sikö leda sikö leda sikö leda sikö leda s

31 dikö keda dikö keda dikö keda dikö keda dikö keda dikö keda d
32 fikö jeda fikö jeda fikö jeda fikö jeda fikö jeda fikö jeda f

Tipp: Sehen Sie bewusst jeden Buchstaben genau an!

33 öikklikkkikkjikkaikösiködiköfikö aeddsedddeddfeddöedaledakeda
34 ehesegalesahekieh ehesegalesahekie ehesegalesahekie ehesegale

35 sadeleidellehhaseiSffaHsadegaL elhöHedöseidflahseeföHeidegalK
36 ellaHegiliehsessaHsedelaAeseid giliealesiGeisflahadhaseeSella

Tipp: Schreiben Sie einmal die Zeilen 35 und 36 von rechts nach links von der Vorlage ab und versuchen Sie dabei Wörter zu finden.

Lernkontrolle durch Wortübungen

37 alle See sah das half sie Gisela eilige diese Aale des Hasses
38 Klage die Höfe es half diese öde Höhle Lage dies Haff Sie sah

39 sehe Halle sage Heike helle Höfe öde Höhle die Heide die Haie
40 sehe Halle sage Heike helle Höfe öde Höhle die Heide die Haie

41 gedeihe Klage heikel Heilige fehle Felge eilig Lage lege Igel
42 gedeihe Klage heikel Heilige fehle Felge eilig Lage lege Igel

Lektion 5:
Griffe c, Komma und Semikolon

Tipp: Vergessen Sie bitte nicht, nach jeder zweiten Zeile 2-mal zu schalten.

Einschreibübung

1 asedsa ölkilö asedsa ölkilö asedsa ölkilö asedsa ölkilö kikik
2 asedsa ölkilö asedsa ölkilö asedsa ölkilö asedsa ölkilö kikik

3 AsEdSa ÖlKiLö AsEdSa ÖlKiLö AsEdSa ÖlKiLö AsEdSa ÖlKiLö AsEdS
4 JkIkLö FdEdSa JkIkLö FdEdSa JkIkLö FdEdSa JkIkLö FdEdSa JkIkL

5 sage siege liege geige lasse diese jedes alles da sie lieh es
6 sage siege liege geige lasse diese jedes alles da sie lieh es

Erarbeitung der Griffe c, Komma und Semikolon

7 dedcd kik,k dedcd kik,k dedcd kik,k dedcd kik,k dedcd kik,k c
8 fdcdf jk,kj fdcdf jk,kj fdcdf jk,kj fdcdf jk,kj fdcdf jk,kj ,

9 jk;ölkj fdcasdf jk;ölkj fdcasdf jk;ölkj fdcasdf jk;ölkj fdcas
10 jk;ölkj fdcasdf jk;ölkj fdcasdf jk;ölkj fdcasdf jk;ölkj fdcas

Merkregel: Nach jedem Satzzeichen folgt ein Leerzeichen.

11 ach, ich, dich, sich, schlage, Celle, Chef, Dach, Fach, Sache
12 ach, ich, dich, sich, schlage, Celle, Chef, Dach, Fach, Sache

13 lache, lege, leise, leihe, Leiche, Lacke, Jacke, Hacke, Hecke
14 lache, lege, leise, leihe, Leiche, Lacke, Jacke, Hacke, Hecke

Festigung durch Wendungen

15 lache leise, diese Sache, dieses Fach, dieses Dach, die Cella
16 lache leise, diese Sache, dieses Fach, dieses Dach, die Cella

17 die Fische, ach alle, lese diese Sache leise, dieses Cedille;
18 die Fische, ach alle, lese diese Sache leise, dieses Cedille;

19 löse das Dach, leihe die Sache, lache Chef, ach diese Deiche;
20 löse das Dach, leihe die Sache, lache Chef, ach diese Deiche;

21 die Eiche, die Leiche, die Fische, die Fischlaiche, Schleife;
22 die Eiche, die Leiche, die Fische, die Fischlaiche, Schleife;

Merkregel: Nur der „Schreibfinger" bewegt sich vom Fleck.

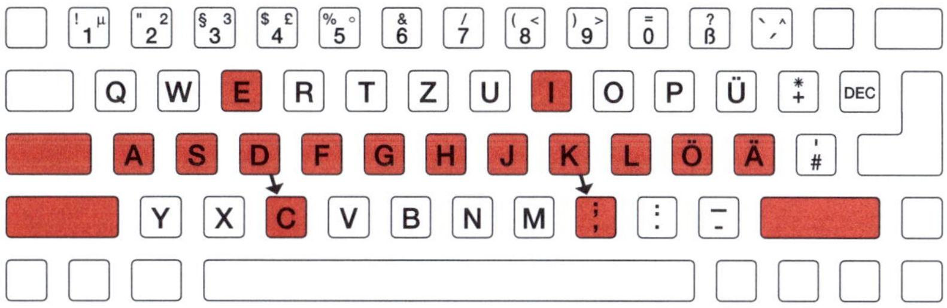

Tipp: Achten Sie bitte auf Ihre Körperhaltung:
„Hängen" Sie nicht über der Schreibmaschine!
Sitzen Sie gerade davor, wenn Sie schreiben!

<u>Konzentrationstraining durch Griffübungen</u>
Schreiben Sie jede Zeile 5-mal fehlerfrei und rhythmisch.

23 asdcdef jk,kilö asdcef jk,ilö asecf ji,lö fedcsa ölik,j ec i,
24 asdcdef jk,kilö asdcef jk,ilö asecf ji,lö fedcsa ölik,j ec i,

25 asdfedc jklöik, asdfced jklö,ki fedc öik, fesa ölij fcsa öl,j
26 asdfedc jklöik, asdfced jklö,ki fedc öik, fesa ölij fcsa öl,j

<u>Festigung durch Wortübungen</u>

27 Öle Aale Liesel Sessel Klasse Diesel Jaffa Fliege Hilfe Galle
28 Öle Aale Liesel Sessel Klasse Diesel Jaffa Fliege Hilfe Galle

29 die Öle, die Aale, die Liesel, die Sessel, die Klasse, Diesel
30 die Fliege, die Hilfe, die Galle, die Geige, die Liege, Jaffa

31 die Eiche, die Deiche, die Asche, die Fische, die Deichsel da
32 diese Eiche, diese Deiche, diese Asche, diese Fische, Cedille

33 die Eidechse, die Gleiche, die Leiche, diese Hechelei, Kachel
34 ja die Eidechse, ja die Gleiche, ja die Leiche, ja die Kachel

Tipp: Üben Sie jeden Tag 2-mal 10 Minuten. Das ist besser als
jeden dritten Tag zwei Stunden!

<u>Lernkontrolle durch Satzübungen</u>
Statt des Satzpunktes schreiben wir vorläufig das Semikolon.

35 Liesel sage es Helga, ich sage das Lied leise; ach Liese half
36 eilig; Adelheid, dich sah ich eilig; ach Liesel ich leihe dir
37 Schleife; die Klasse lese leise das Lied, siehe die Eidechse;

38 Das Jagdglas lag ja da; als Heidi diese Eidechse sah, da lief
39 sie; ja, als Adelheid die eisige See sah, da half sie Liesel;

40 Ich sah die helle Diele, ich sah die Heide, ich sah die Höfe;
41 Ach, jede sah das Dach; ja, dieses Dach; siehe die Heidehöfe;

Merkregel: Richtigkeit geht vor Schnelligkeit!

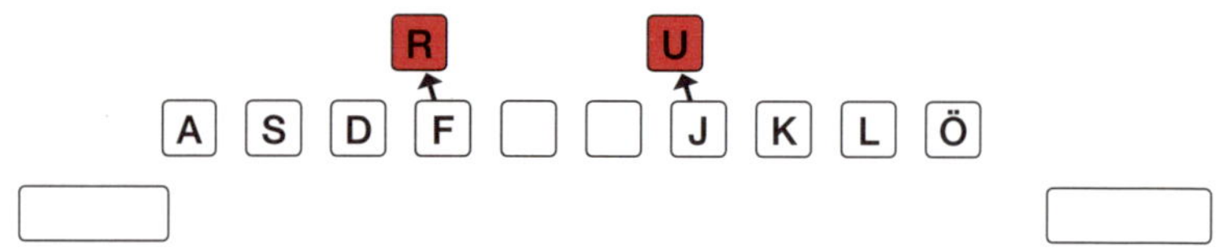

Lektion 6:
Griffe r und u

Einschreibübung

Schreiben Sie jede Zeile mindestens 3-mal.

1 asdfjklö asdefölkij asdfjklö asdefölkij asdfjklö asdefölkikj

2 ölkjasdf ölk,kasdcd ölkjasdf ölk,kasdcd ölkjasdf ölk,kasdcdf

3 edcsafik,löj edcsafik,löj edcsafik,öj edcsafik,öj edcsafik,öj

4 jöl,kifascde jöl,kifascde jöl,kifascde jöl,kifascde jöl,kifas

Erarbeitung der Griffe r und u

5 asdfrf ölkjuj asdfrf ölkjuj asdfrf ölkjuj asdfrf ölkjuj frfju

6 frfjuj frfjuj frdesa jukilö frdesa frfjuj frfjuj frdesa jukil

7 frfded jujkik frfdcd jujk,k frfded jujkik frfdcd jujk,k rfded

8 ujk,ki rfdcde ujk,ki rfdcde ujk,ki rfdcde ujk,ki rfdcde ujk,k

9 fra juö frs jul frd juk örl aus örk aud örj auf fru jur fr ju

10 ruj urf fua jrö dua krö sua lrö kuj drf luj srf öuj arf rf uj

Festigung durch Wortübungen

11 frage, frage, frage, laufe, laufe, laufe, frage, laufe, rauf,

12 frage, raufe, frage, kaufe, frage, raufe, frage, kaufe, rief,

13 eure, drei, klar, eure, drei, klar, eure, drei, klar, eure, d

14 rede, sehr, hier, rede, sehr, hier, rede, sehr, hier, rede, s

15 sehr eilige, alles ruhig, jeder laufe, gerade hier, gehe aus,

16 sehr ruhige, alles eilig, jeder kaufe, gerade alle, geradeaus

17 die Frage, die Freude, die Ruhe, der Karl, die Karla, Kuckuck

18 die Frage, die Freude, die Ruhe, der Karl, die Karla, Kuckuck

19 die Kugelfische, der Hilferuf, der Kuckucksruf, die Ruhelage,

20 die Kugelfische, der Hilferuf, der Kuckucksruf, die Ruhelage,

Lernkontrolle durch Geläufigkeitssätze

Schreiben Sie jeden Satz mindestens 5-mal fehlerfrei, bevor Sie den nächsten Satz ebenfalls 5-mal schreiben.

21 Sage Adelheid, hier höre jeder diese Kuckucksrufe sehr leise;

22 Karla sage sehr leise, dieser Löffel gehöre sicherlich Adele;

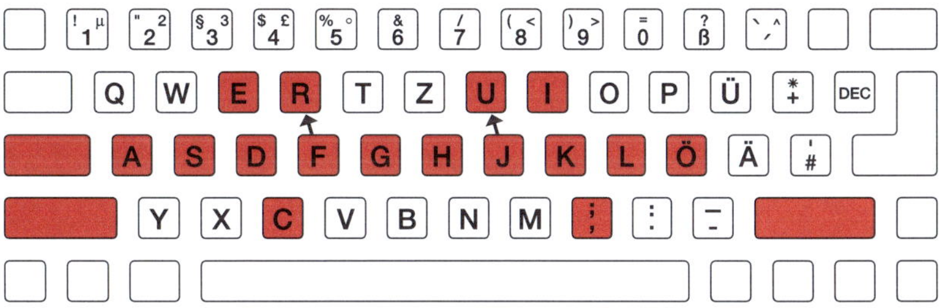

Tipp: Bitte immer aufrecht sitzen und nicht auf die Tastatur sehen.

Schreibsicherheit durch Griffübungen = Fingergymnastik

23 frfr juju frfr juju frfr juju frfr juju frfr juju frfr juju r
24 fruj jurf fruj jurf fruj jurf fruj jurf fruj jurf fruj jurf u

25 fra juö fra juö fra juö fra juö fra juö fra juö fra juö fra r
26 raf uöj raf uöj raf uöj raf uöj raf uöj raf uöj raf uöj raf u

27 rsf ulj rsf ulj rsf ulj rsf ulj rsf ulj rsf ulj rsf ulj rsf r
28 rdf ukj rdf ukj rdf ukj rdf ukj rdf ukj rdf ukj rdf ukj rdf u

29 örf auj örf auj örf auj örf auj örf auj örf auj örf auj örf r
30 öre aui öre aui öre aui öre aui öre aui öre aui öre aui öre u

31 ref uij ref uij ref uij ref uij ref uij ref uij ref uij ref e
32 aer öiu aer öiu aer öiu aer öiu aer öiu aer öiu aer öiu aer i

33 asderfd ölkiujk asderfd ölkiujk asderfd ölkiujk asderfd ölkiu
34 dfredas kjuiklö dfredas kjuiklö dfredas kjuiklö dfredas uiklö

Festigung durch Wortübungen

35 Hirse Haus Rede Reeder Reederei Dur Kur Uhr Ruhr Kuli Ulli Öl
36 Hirse Haus Rede Reeder Reederei Dur Kur Uhr Ruhr Kuli Ulli Öl

37 Jura Frau Erde Ilse Juli Frage Iller Erdöl Jahr Friede Julius
38 Jura Frau Erde Ilse Juli Frage Iller Erdöl Jahr Friede Julius

Tipp: Die beiden Daumen schweben über der Leertaste.

Lernkontrolle durch Wendungen

39 auf dieser Reise, das Ufer der Saale, raufe die Haare, das Ei
40 auf dieser Reise, das Ufer der Saale, raufe die Haare, das Ei

41 rufe Julius her, rufe Frau Krause, Adelheid lege alles darauf
42 sei ruhig Ilse, sieh da Ulli, auch Karla sah die Fischerei da

Merkregel: Um wirklich flüssig und fehlerfrei zu schreiben müssen Sie regelmäßig üben. Sie wissen doch: Besser jeden Tag 2-mal 10 Minuten üben als jeden dritten Tag zwei Stunden.

Lektion 7:

Griffe v und m

Tipp: Gewöhnen Sie sich an das rhythmische Schreiben. Durch das konzentrierte, gleichmäßige Abdrücken der Tasten machen Sie automatisch weniger Fehler.

Erarbeitung der Griffe v und m

Möglichst jede Zeile 5-mal fehlerfrei schreiben.

1 asdfvf ölkjmj asdfvf ölkjmj asdfvf ölkjmj asdfvf ölkjmj asdfv
2 fvfdsa jmjklö fvfdsa jmjklö fvfdsa jmjklö fvfdsa jmjklö fvfds

3 fvfrfvf jmjujmj fvfrfvf jmjujmj fvfrfvf jmjujmj fvfrfvf jujmj
4 frfvfrd jujmjuk frfvfrs jujmjul frfvfra jujmjuö frvfrvf jumjö

4 fvfredsa jmjuiklö fvfredsa jmjuiklö fvfredsa jmjuiklö fvfreds
6 fvfredca jmjuik,ö fvfredca jmjuik,ö fvfredca jmjuik,ö fvfredc

7 ver mir vie mie vei mei ver mir vie mie vei mei ver mir vie m
8 mer vir mie vie mei vei mer vir mie vie mei vei mer vir mie v

Festigung durch Wortübungen

9 viel mehr verlese mehrfach vielfach mache vermache mische das
10 viele vieles vieler vielem mehr mehre mehrere mehreres vieler

11 vermehre verlasse verkaufe vermache verlese verliere verkaufe
12 vergehe vermerke vermische vermelde vergesse verlaufe verlese

13 vermiese, vermahle, vermale, versehe, vergehe, verlege, viele
14 vermerke, vergesse, verlaufe, versuche, vermerke, vermöge es,

15 Vieh, Meer, Vers, Mimik, Villa, Muskel, Vier, Mieder, Villach
16 Vermerk, Mega, Vikar, Mischer, Verruf, Mull, Virus, Maulesel.

Festigung durch Wendungen

17 sehr viel Vieh, auf dem Meer, merke viele Verse, diese Villa,
18 der kluge Vermerk, vermerke ihre Versuche, das Villacher Vieh

19 alle die Vermerke, der aufmerksame Mischer, der fremde Vikar,
20 mehrere Filme, immer mehr Verkehr, immer viele Versuchsfilme,

21 immer die Maare, immer die Meere, auf dem Mars, mehrere Male,
22 verkaufe im Mai, verkaufe die Vase, vermische das viele Mehl,

Tipp: Üben Sie die Beispiele dieser Seite und aller vorangegangenen immer wieder, bis Sie das Gefühl haben, dass auch die schwierigen Griffe „sitzen"!

Schreibsicherheit durch Griffübungen = Fingergymnastik

23 rfvdsa ujmklö rfvdsa ujmklö rfvdsa ujmklö rfvdsa ujmklö rfvds
24 edcrfv ik,ujm edcrfv ik,ujm edcrfv ik,ujm edcrfv ik,ujm edcrf

25 fjruvmdkeic, fjruvmdkeic, fjruvmdkeic, fjruvmdkeic, fjruvmdke
26 ,kiujmcderfv ,kiujmcderfv ,kiujmcderfv ,kiujmcderfv ,kiujmcde

27 fjvmdkc,eidk fjvmdkc,eidk fjvmdkc,eidk fjvmdkc,eidk fjvmdkcei
28 kdie,ckdmvjf kdie,ckdmvjf kdie,ckdmvjf kdie,ckdmvjf ieckdmvjf

Festigung durch Wendungen

29 viele Lacke, jede Jacke, diese Hecke, dieser Fleck, ja Flachs
30 diese Lacke, diese Hacke, jede Decke, der Flachs, die Fackel,

31 dieser Vermerk, decke das Dach, recke die Decke, dieser Mars,
32 versuche die Lachse, die Meereslage, mehrere Maler, die Eiche

Lernkontrolle durch Satzübungen

35 Adelheid vermerke dir die Reihe der Versuche der Marschierer;
36 Adele versuche die Lachse; Friedel sieh diese Messer im Sack;

37 Adam vermerke es, ich vergesse diese Sache sicherlich gleich;
38 Friedel ich verleihe im Juli die Decke, die ich dir vermache;

39 Die Kauffrau verkaufe im Juli frische Meeresfische aus Kiel;
40 Im Kaufhaus Meier kaufe ich immer mehrere frische Seefische;

41 Sage Helga, die Filme aus dem Kaufhaus kaufe ich sicher auch;
42 Lege die Filme auf die Jacke, dieses merke ich mir sicherlich

Merkregel: Schreiben Sie erst jeden Satz mindestens 3-mal fehlerfrei und rhythmisch und dann beginnen Sie erst mit der nächsten Zeile.

Nur Ausdauer führt zum Erfolg.

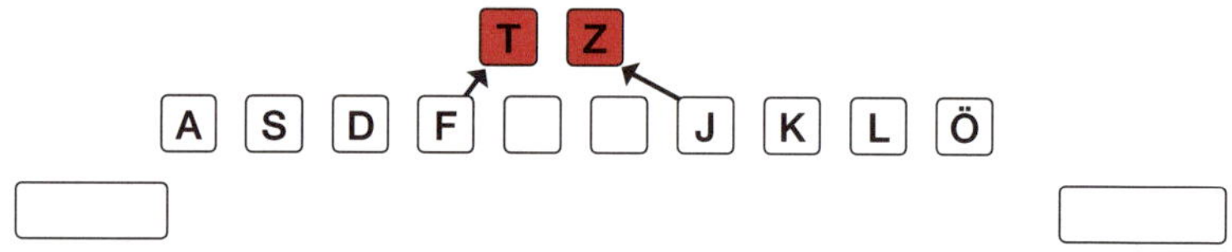

Lektion 8:

Griffe t und z

Tipp: Üben Sie die Zeigefingergriffe zum t und z besonders gewissenhaft und beachten Sie das rhythmische Schreiben.

Erarbeitung der Griffe t und z

1 jzjö ftfa jzjö ftfa jzjö ftfa jzjö ftfa jzjö ftfa jzjö ftfa z
2 jhzj fgtf jhzj fgtf jhzj fgtf jhzj fgtf jhzj fgtf jhzj fgtf t

3 frtgf juzhj frtgf juzhj frtgf juzhj frtgf juzhj frtgf juzhj z
4 jhzuj fgtrf jhzuj fgtrf jhzuj fgtrf jhzuj fgtrf jhzuj fgtrf t

5 juzfrt juzfrt juzfrt juzfrt juzfrt juzfrt juzfrt juzfrt juzfr
6 trfzuj trfzuj trfzuj trfzuj trfzuj trfzuj trfzuj trfzuj trfzu

7 fjrutz fjrutz fjrutz fjrutz fjrutz fjrutz fjrutz fjrutz fjrut
8 tzurjf tzurjf tzurjf tzurjf tzurjf tzurjf tzurjf tzurjf tzurj

9 zer ter zer ter zer ter zer ter zer ter zer ter zer ter zer t
10 zur tur zur tur zur tur zur tur zur tur zur tur zur tur zur z

Festigung durch Wortübungen

11 trage trete treffe trat tretet geht guter ziehe zage letztere
12 trage trete treffe trat tretet geht guter ziehe zage letztere

13 zerfalle zertrete zermale zergehe zergliedere zerstreue zerre
14 zerfalle zertrete zermale zergehe zergliedere zerstreue zerre

15 Zerrerei, zeige, Zeiger, zerfalle, Zerfall, ziehe es, Zieher,
16 Zerrerei, zeige, Zeiger, zerfalle, Zerfall, ziehe es, Zieher,

17 Ziege, Ziegel, Ziegelei, Ziegeldach, Ziegelstreicher, Ziegel,
18 Ziel, Zielkamera, Zielkauf, Zielgerade, diese Zielsicherheit,

19 zugemauert, zugeheftet, zugemutet, zumeist, zugleich, zuletzt
20 Zuzug, Zugtier, Zugverkehr, Zulieferer, Zurichterei, Zurichter

Festigung durch Wendungen

21 zertrete die Ziegel, zerhacke die Ziegel, zerstreue das Zeug,
22 zeige die Zulage, zeige die Zielkamera, zeige diese Ziegelei,

23 viel Verkehr, viel Zugverkehr, viele Zulieferer, der Zielkauf
24 jetzt zur Schau gestellt, richtet die Zeit, seit kurzer Zeit,

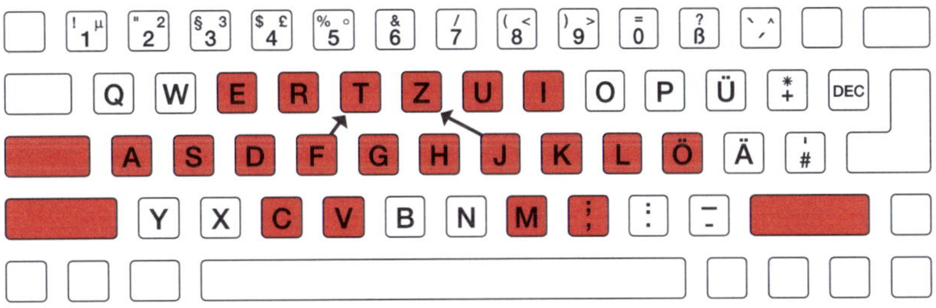

Tipp: Nur Ausdauer führt zum Ziel!

Schreibsicherheit durch Griffübungen
Bitte jede Zeile mindestens 3-mal fehlerlos schreiben.

25 jzjklö ftfdsa jzjklö ftfdsa jzjklö ftfdsa jzjklö ftfdsa jzftö
26 ölkjzj asdftf ölkjzj asdftf ölkjzj asdftf ölkjzj asdftf ötfzj

27 fgtfdsa jhzjklö fgtfdsa jhzjklö fgtfdsa jhzjklö fgtfdsa fjztu
28 asdftgf ölkjzhj asdftgf ölkjzhj asdftgf ölkjzhj asdftgf öaztl

29 fjghtzdkeirutzghfj fjghtzdkeirutzghfj fjghtzdkeirutzghfj fjgh
30 öasldkfjrueidkslaö öasldkfjrueidkslaö öasldkfjrueidkslaö öasl

Tipp: Achten Sie auch bei dieser Lektion immer wieder auf richtige Hand- und Fingerhaltung! Sitzen Sie stets gerade, die Wirbelsäule dankt es Ihnen!

Lernkontrolle durch Satzübungen

31 Kurt Zeiger macht heute die Fahrt mit Zacharias zur Adria mit
32 Zacharias Ziegeler eilte mit dem Zug immer heiter um die Erde

33 Die Zufahrt zur Garage ist gut gestreut, dieses ist immer gut
34 Jetzt herrschte fast eisige Stille, darum rettete er das Tier

35 Kurt Zart hört leise dem Leser zu, ja er ist sehr aufmerksam;
36 Gerd Zielazeck ist der gute Stegreifdichter, der immer lacht;

37 Jeder hat aufmerksam die Ersatzteile aus Edelstahl gesichtet;
38 Herr Fritz Zart macht jetzt diese mutige Aussage zur Tatzeit;

39 Der Arzt machte zur Zeit viele Versuche, das ist sehr richtig
40 Frau Kraus geht mit ihrer Katze zum Tierarzt, das ist richtig

41 Julius Ziegler geht als starker Sieger direkt auf das Ziel zu
42 Statt der Tiere aus dem Zirkus zeigt Karla die Katze Mizemaus

43 Dieser Zufahrtssteg ist seit heute mit Stahlgitter zugemacht;
44 Die Zufahrt zur Garage der Reiter ist sehr dauerhaft verlegt;

Merkregel: Erst gleichmäßig und sicher, dann schnell. Wiederholen Sie nach Möglichkeit alle bisherigen Übungen, denn **Übung macht den Meister!**

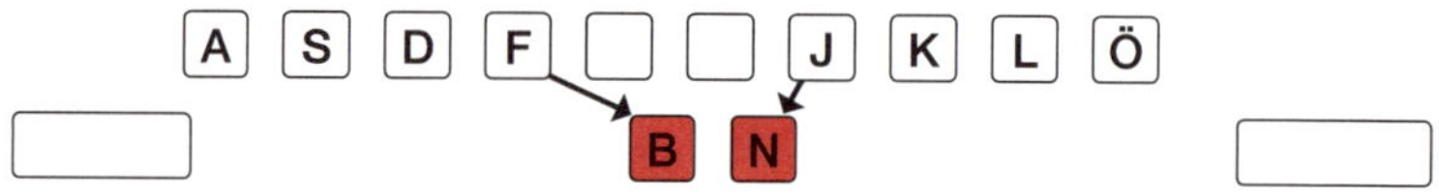

Lektion 9:
Griffe b und n

Tipp: Wenn Sie in Ihrer Arbeit Fehler machen, dann sind Sie nicht konzentriert genug! Legen Sie während des Schreibens eine Pause ein!

Erarbeitung der Griffe b und n

Schreiben Sie jede neue Zeile erst, wenn die vorherige 3-mal fehlerlos auf dem Papier steht.

1 fbfgbf jnjhnj fbfgbf jnjhnj fbfgbf jnjhnj fbfgbf jnjhnj fbfgb
2 fbvfbf njmjnj fbvfbf njmjnj fbvfbf njmjnj fbvfbf njmjnj fbvfb

3 fbfrfbf jnjujnj fbfrfbf jnjujnj fbfrfbf jnjujnj fbfrfbf jnjuj
4 fbfdsab jnjklön fbfdsab jnjklön fbfdsab jnjklön fbfdsab jnjkl

5 jnjöfbfa jnjöfbfa jnjöfbfa jnjöfbfa jnjöfbfa jnjöfbfa jnjöfbf
6 jhnöfgba jhnöfgba jhnöfgba jhnöfgba jhnöfgba jhnöfgba jhnöfgb

7 jnuzjnhj fvrtfbgf jnuzjnhj fvrtfbgf jnuzjnhj fvrtfbgf jnuzjnh
8 jnmjhzuj fbvfgtrf jnmjhzuj fbvfgtrf jnmjhzuj fbvfgtrf jnmjhzu

9 asdfbfrt ölkjnjuz asdfbfrt ölkjnjuz asdfbfrt ölkjnjuz asdfbfr
10 asdfrvtb ölkjumzn asdfrvtb ölkjumzn asdfrvtb ölkjumzn asdfrvt

Festigung durch Wendungen

11 an und ab, nah und fern, eben neben, bang und lang, gegen ihn
12 an und ab, nah und fern, eben neben, bang und lang, gegen ihn

13 unter diesen, neben ihnen, lange hinter ihnen, es leben alle,
14 unter diesen, neben ihnen, lange hinter ihnen, es leben alle,

15 die Bezahlung, die Vernarbung, die Behandlung, Verhandlungen,
16 die Bezahlung, die Vernarbung, die Behandlung, Verhandlungen,

17 die Bedingungen, die Neuregelungen, die Bedienung, Neigungen,
18 die Bedingungen, die Neuregelungen, die Bedienung, Neigungen,

19 Richtung geben, die Stellung halten, die Handhaltung beachten
20 Richtung geben, die Stellung halten, die Handhaltung beachten

Merkregel: Schreiben Sie nach jeder Übung alle falsch geschriebenen Wörter jeweils eine Zeile lang, damit Sie sie dann fehlerfrei schreiben können.

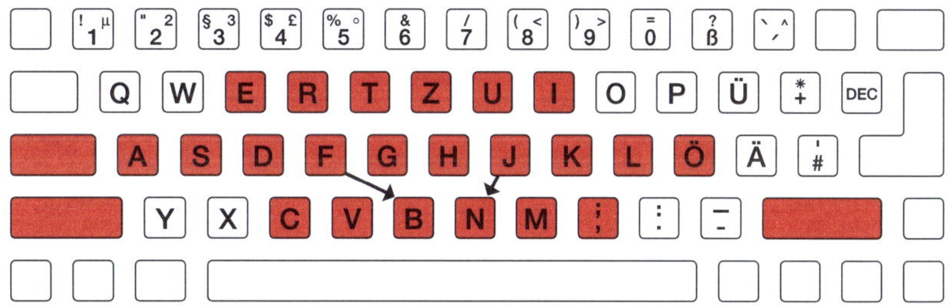

Tipp: Benutzen Sie als Einschreibübung die Zeilen Nr. 2, 4, 6, 8 und 10 der vorherigen Seite.

Mit kurzen Fingernägeln schreiben Sie besser.

Festigung durch Wortübungen

21 haben heben nahm nehmen gab geben aber eben laben leben baden
22 laden lesen lahm nimmer bei reden rein sein neues lange bange

23 sein bald sind denn dann gebt lebt bebt stand rang allen dein
24 sein bald sind denn dann gebt lebt bebt stand rang allen dein

25 bleibe lange bleibe lange bleibe lange bleibe lange bleibe es
26 bleibe lange bleibe lange bleibe lange bleibe lange bleibe es

27 bleibe nicht lange, bleibe nicht zu lange, sie blieb nie lang
28 bleibe nicht lange, bleibe nicht zu lange, sie blieb nie lang

Lernkontrolle durch Satzübungen

Tipp: Schreiben Sie diese Satzübungen einmal 1 1/2-zeilig oder 2-zeilig ab. Diesen größeren Zeilenabstand verwendet man bei Berichten oder Protokollen.

29 Jeder neue Anfang ist nicht leicht, aber jeder kann es lernen
30 Jede Bedingung ist ganz klar, aber jeder kennt sie eben nicht

31 Bis die Rechnung nicht bezahlt ist, kann sie keine Aale haben
32 Gegen Barzahlung ist jeder neue Hut schnell und gut lieferbar

33 Nach diesen Berechnungen könnten die neuen Ergebnisse stimmen
34 Nun könnten die schönen und einfachen Sachen ausgestellt sein

35 Sicherlich sind diese Ursachen der Neuverschmutzung unbekannt
36 Alle haben die gleichen Rechte bei dieser Krankenversicherung

37 Hier diesen feinen Strickmantel finden sicherlich alle schick
38 Diese Stricksachen machten die Frauen lieber alle selber nach

39 Jetzt zahlte sich alles aus, denn nun kam das schöne Ergebnis
40 Alle Menschen blickten erstaunt zu dem neuen Gast in der Ecke

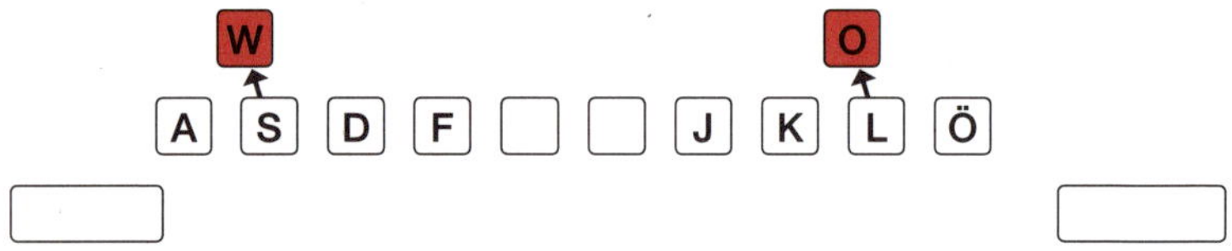

Lektion 10:

Griffe w und o

Tipp: Nur der „Schreibfinger" bewegt sich vom Fleck.

Erarbeitung der Griffe w und o

1 aswsdf ölolkj aswsdf ölolkj aswsdf ölolkj aswsdf ölolkj swloö
2 fdswsa jklolö fdswsa jklolö fdswsa jklolö fdswsa jklolö öswlo

3 fdedswsa jkiklolö fdedswsa jkiklolö fdedswsa jkiklolö lolswsö
4 aswsdedf ölolkikj aswsdedf ölolkikj aswsdedf ölolkikj öswslol

5 frdeswa jukiloö frdeswa jukiloö frdeswa jukiloö frdeswa jukio
6 awsedrf öolikuj awsedrf öolikuj awsedrf öolikuj awsedrf oikuj

7 swsloldedkik swsloldedkik swsloldedkik swsloldedkik swlodekik
8 kikdedlolsws kikdedlolsws kikdedlolsws kikdedlolsws kikedolws

9 eiw ow rew tiew egaw dliw esol liew lliw llos osla etllow raw
10 wie wo wer weit wage wild lose weil will soll also wollte war

Festigung durch Wortübungen

11 werden worden geworden gewonnen gewollt gekonnt gehofft weise
12 werden worden geworden gewonnen gewollt gekonnt gehofft weise

13 der Wagen, das Wild, die Lose, die Wahl, das Kilo, die Wogen,
14 die Wiese, der Wall, das Wohl, der Wind, der Kohl, die Wiese,

15 Wolle, Wollkleid, Wollmantel, Wollstoffe, Wollschal, Wollrest
16 der Morgen, Morgenmantel, Morgenrot, Morgenlicht, Morgensonne

17 wohl, wohlig, wohllautend, wohlmeinend, wohlriechend, wohlauf
18 wohl verwahrt, wohlverstandener, wohl versorgte, wohlverdient

19 Wohnung, Wohnhaus, Wohnheim, Wohnlage, Wohnungsamt, Wohnsitz,
20 Wohnungssuchende, Wohnungstausch, Wohnviertel, Wohnwagenfarbe

Festigung durch Satzübungen

21 Wieso gefielen die Wollkleider der kleinen Olga besonders gut
22 Wieso wagte Olga diesen besonders schwierigen Waldweg alleine

23 Diese Wolken wandern am bedeckten Himmel immer schnell weiter
24 Der Wanderer kann wandern wohin er will, er kommt an das Ziel

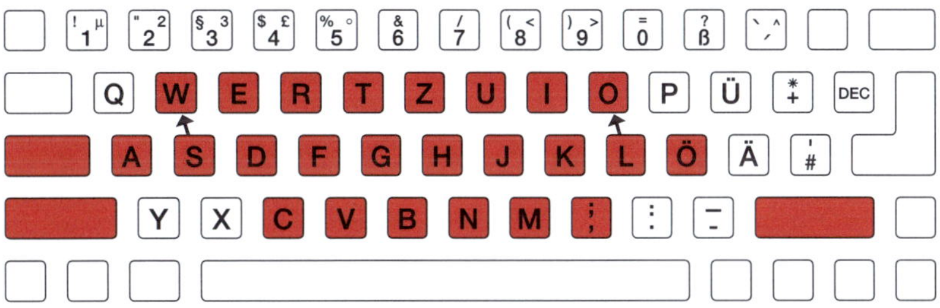

Merkregel: Erst gleichmäßig und sicher, dann schnell.

Tipp: Benutzen Sie als Einschreibübung die Zeilen Nr. 1, 3, 5, 7 und 9 der vorherigen Seite.

Griffsicherheit durch Wortübungen

25 wunder, wunderbar, wunderbarerweise, wundermild, wunderschön,
26 Wunder, Wunderblume, Wunderdoktor, Wunderkerzen, Wunderwerke,

27 woanders, woandershin, wohinaus, womit, wobei, und womöglich,
28 Woche, Wochenblatt, Wochenende, Wochenendhaus, Wochenschauen,

29 bewirten, wirtlich, wirken, wirklich, wie wirklichkeitsfremd,
30 Wirtschaft, Wirtschaftler, Wirtschaftlerin, Wirtschaftsformen

31 Wirkung, Wirklichkeit, Wirklichkeitsformen, Wirklichkeitssinn
32 Werbeetat, Werbeabteilungen, Werbewirksamkeit, Werbungskosten

Tipp: Sehen Sie während des Schreibens nicht auf die Hände, sondern nur auf die Vorlage. So können Sie sich besser konzentrieren.

Lernkontrolle durch Satzübungen

33 Herr Winkelhauser erinnerte sich den Kunden gemahnt zu haben
34 Frau Winter ist sicher die Regelungen nicht gekannt zu haben

35 Der Besitzer des Hauses hat keine Gelegenheit es zu bewohnen
36 Es ist wichtiger, die Bewohner des Hauses zu benachrichtigen

37 Die Kunden beanstandeten diese Waren nicht erhalten zu haben
38 Das Unternehmen bittet nun den kleinen Betrag zu annullieren

39 In zwei Stunden diktieren die Sachbearbeiter wichtige Briefe
40 Diese zwei Briefe erhielten gestern eine besondere Freimarke

41 Im kommenden Jahr ist unser Vertreter bereit Sie zu besuchen
42 Vor vier Wochen schickten wir Ihnen unsere Sommerangebote zu

43 Einige Wissenschaftler waren Teilnehmer der Kölner Konferenz
44 Diese Zweitwohnungen sollen bis Ende November bezogen werden

Tipp: Üben Sie täglich mindestens 10 Minuten!

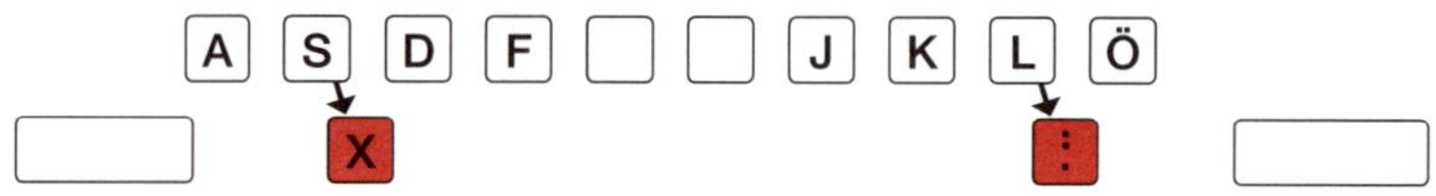

Lektion 11:
Griffe x, Punkt und Doppelpunkt

Tipp: Halten Sie Ihre Handgelenke stets waagerecht.

Erarbeitung der Griffe x, Punkt und Doppelpunkt

1 fdsxsa jkl.lö fdsxsa jkl.lö fdsxsa jkl.lö fdsxsa jkl.lö sxl.l
2 asxsdf öl.lkj asxsdf öl.lkj asxsdf öl.lkj asxsdf öl.lkj l.lxs

3 sxswsf l.lolj sxswsf l.lolj sxswsf l.lolj sxswsf l.lolj swx.l
4 axswxf ö.lo.j axswxf ö.lo.j axswxf ö.lo.j axswxf ö.lo.j x.lsö

5 aXswXf l.l:lj aXswXf l.l:lj aXswXf l.l:lj aXswXf l.l:lj x:X.l
6 fXwsXa jl:l.l fXwsXa jl:l.l fXwsXa jl:l.l fXwsXa jl:l.l l.X:x

Festigung durch Wortübungen

7 fix fixe fixen mixe mixen boxe boxen fix fixe fixen mixe boxe
8 fix fixe fixen mixe mixen boxe boxen fix fixe fixen mixe boxe

9 fixeste, fixer Junge, fixes Gehalt, fixe Kosten, fix, fertig,
10 fix und fertig, Fixigkeiten, Fixkosten, Fixstelle, Fixsterne,

11 Taxe, taxieren, Taxator, Taxwert, Taxwerte, Taxi, Taxushecke,
12 Text, texten, Textgestaltung, Textverarbeitung, Textilfabrik,

Festigung durch Wendungen

13 mit der Taxe fahren, Textilien einkaufen, den Fixstern sehen.
14 die bedrohte Existenz, das Examen bestehen, im Lexikon lesen.

15 eine Reise nach Mexiko, unter extremen Bedingungen, existiere
16 eine Mexikanerin, den Taxwert errechnen, gute Textgestaltung.

17 Verschwendung: Luxus; Luxusartikel, Luxusausgabe, Luxushotel.
18 Herzogtum: Luxemburg; luxemburgisch, die Luxemburger Chaussee

19 Dinge zum Messen der Beleuchtung: Luxmeter; Einheit: das Lux.
20 Verben: fixieren, mixen, boxen, taxieren, existieren, kraxeln

Festigung durch Satzübungen

21 Max und Alexander werden immer im Lexikon alles nachschlagen.
22 Der Einsatz der Textautomaten im Schreibdienst ist rationell.

23 In dieser Stadt wird die Existenz der Textilbetriebe bedroht.
24 Mit dem Inhalt der Texte sollen alle sich auseinander setzen.

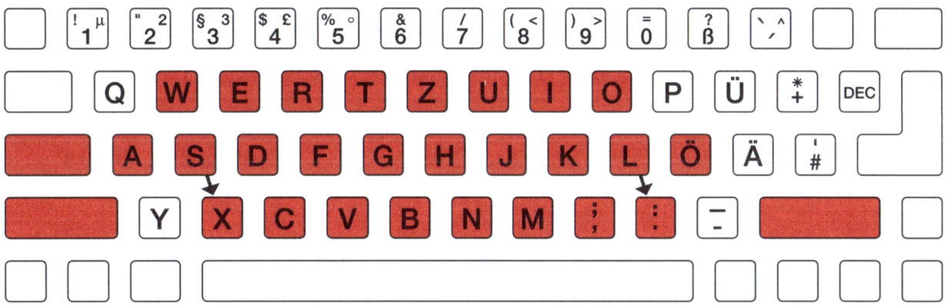

Tipp: Gehen Sie nur dann zur nächsten Übung weiter, wenn Sie jeden Buchstaben sicher greifen können.

Schreibsicherheit durch Griffübungen

25 asxsdcdfvf öl.lk,kjmj asxsdcdfvf öl.lk,kjmj asxsdcdfvf öl.lk,
26 asXsdCdfVf öl:lk;kjMj asXsdCdfVf öl:lk;kjMj asXsdCdfVf öl:lk;

27 xsw.loXsw:lo xsw.loXsw:lo xsw.loXsw:lo xsw.loXsw:lo sXl.:lsx.
28 xsw.loXsw:lo xsw.loXsw:lo xsw.loXsw:lo xsw.loXsw:lo sXl.:lsx.

29 sx sxs xas xsx xsa xs xa xvx xbx xjx xnx xmx xhx xgx xkx xlxö
30 sx sxs xas xsx xsa xs xa xvx xbx xjx xnx xmx xhx xgx xkx xlxö

Anwendung durch Wortübungen

31 Vorname: Xaver, Name: Huber, Geburtsort: Xanten, Niederrhein.
32 Vorname: Xaver, Name: Huber, Geburtsort: Xanten, Niederrhein.

33 Verkaufsleiter: Herr Schellhuber, Mitarbeiterin: Frau Geiger.
34 Einkaufsleiter: Herr Schönberger, Sachbearbeiterin: Frau Eis.

35 Vereinsmitglieder des TuS sind: Kalter, Kelter, Klammer, Reh.
36 Vereinsmitglieder des StV sind: Reuter, Söller, Martens, Rot.

Lernkontrolle durch Satzübungen

37 Als Auszeichnung erhielten die Teilnehmer sehr schöne Sachen.
38 Unser Mitarbeiter, Herr Xaver Schönberger, kommt nach Xanten.

39 Beatrix und Alexander nehmen doch an der Schulkonferenz teil.
40 Alexa und Xaver haben gern gute Noten in den Schulzeugnissen.

41 Alex bangt um seine Existenz, denn der Betrieb geht schlecht.
42 Maximilian kommt immer zeitiger, denn alle machen Kurzarbeit.

43 Vorgestern ist Max bereits mit dem Auto nach Xanten gefahren.
44 In der heutigen Zeit werden immer mehr Luxusartikel verkauft.

45 Alle Luxusartikel sind von den Bediensteten abgeladen worden.
46 Er braucht besondere Eignung, wenn er seine Existenz aufbaut.

Merkregel: Übung macht den Meister!
Schreiben Sie erst jeden Satz fehlerfrei und dann beginnen Sie mit der nächsten Zeile.

Lektion 12:
Griffe q und p

Tipp: Üben Sie die Buchstaben so lange, bis Sie das Gefühl haben, dass sie „sitzen".

Erarbeitung der Griffe q und p

1 fdsaqasdf jklöpölkj fdsaqasdf jklöpölkj fdsaqasdf jklöpölkj q
2 aqasdfred öpölkjuik aqasdfred öpölkjuik aqasdfred öpölkjuik p

3 aqswdefr öplokiju aqswdefr öplokiju aqswdefr öplokiju aqswdef
4 fredwsqa ujikolpö fredwsqa ujikolpö fredwsqa ujikolpö fedwsqa

5 qua pra qua pra qua pra qua pra qua pra qua pra qua pra qua p
6 qui pro qui pro qui pro qui pro qui pro qui pro qui pro qui q

Festigung durch Wortübungen

7 quer quick quer quick quer quick quer quick quer quick quer q
8 paar packe paar packe paar packe paar packe paar packe paar p

9 Aqua Post Aqua Post Aqua Post Aqua Post Aqua Post Aqua Post Q
10 Quader Papst Quelle Preise Quintett Pinzetten Quote Polizei P

11 Querverbindungen, Querulant, Quertreiberei, Querfeldeinrennen
12 Papierverarbeitung, Plakatkleberei, Pizzeria, Paprika, Puppe,

Festigung durch Wendungen

13 eine gute Querverbindung, der alte Querulant, die Quertreiber
14 teuere Papierverarbeitung, neue Plakatkleberei, gute Pizzeria

15 ein schöner Papagei, der kleine Picknickkorb, bis Prag reisen
16 die Peitsche schwingen, frische Pfirsiche ernten, die Pflicht

Festigung durch Satzübungen

17 Philipp las den Philipperbrief des Paulus wieder Pauline vor.
18 Das Phantombild wurde nach Zeugenaussagen wieder gut gemacht.

19 Der Pflegerberuf ist interessant, aber auch sehr anstrengend.
20 Die Protokollschreiberin sollte in der Besprechung aufpassen.

21 Die Stadtsparkasse stiftete diese Aquarelle als Siegespreise.
22 Das Paketporto wurde erhöht, die Quartalsstatistik zeigte es.

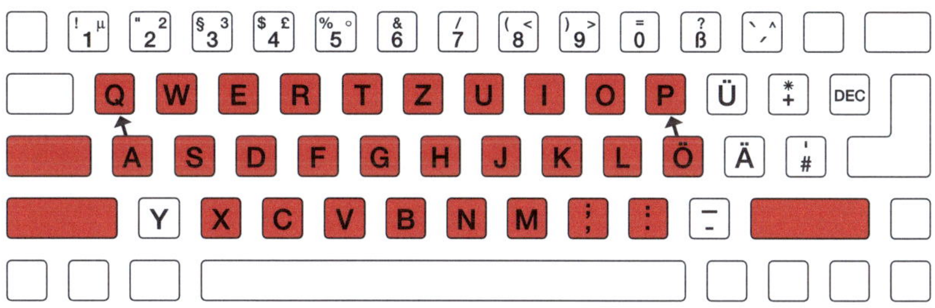

Tipp: Benutzen Sie zum Einschreiben die Zeilen
Nr. 1, 3, 5 und 6 der vorherigen Seite.

<u>Sicherheit durch Fremdwörter</u>

23 Quader: ein von sechs Rechtecken begrenzter Körper; Quadrat:
24 Viereck mit vier rechten Winkeln und vier gleichen Seiten.
25 Quecksilber: chemischer Grundstoff; Querulant: Nörgler.

26 Programm: Plan; Projekt: Vorhaben, Plan; Prognose: Vorhersage
27 Prokura: Handlungsvollmacht, Recht, den Inhaber des Betriebes
28 zu vertreten; Programmierer: Fachmann der Datenverarbeitung.

29 der Prospekt: Werbeschrift; Quittung: Empfangsbescheinigung;
30 die Protektion: Gönnerschaft, Förderung; die Quote: Anteil,
31 das Protokoll: Niederschrift, Tagungsbericht; quitt: fertig.

Tipp: Verändern Sie den Anfangsrandsteller auf
Grad 20 und wieder zurück auf Grad 10.

<u>Festigung durch Fremdsprachentext</u>
Schreiben Sie jede Zeile 3-mal, damit Sie Ihre Fehler sehen.

32 A cheque is a bill of exchange drawn on a bank.
33 A contract is an agreement made between persons.

34 Protein of milk is as good as the protein of meat.
35 It is superior to the protein of vegetables.

36 A contract is an agreement made between two or more persons.
37 The protein of milk is as good as the protein of fish.

38 The attraction of music is a strong one for most people.
39 The average adult does not read much faster than a child can.

<u>Lernkontrolle durch Fließtext</u>

40 Bestimmt werden Sie festgestellt haben, wie wichtig es ist, 62
41 langsam, aber sicher das Tastenfeld zu erarbeiten, um nicht 122
42 zu viele Fehler zu machen. Von jetzt an schalten Sie in die 185
43 Arbeiten auch das wiederholte Abschreiben dieses Textes und 248
44 der folgenden Texte ein. Kommen Sie auch bei diesen Texten 311
45 nicht in Versuchung schnell zu schreiben. Denken Sie daran, 374
46 Griffsicherheit geht vor Schnelligkeit; es ist sehr wichtig. 438

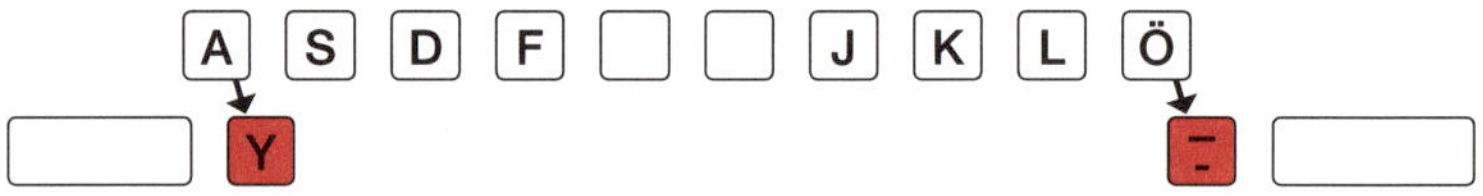

Lektion 13:
Griffe y, Mittestrich und Unterstreichung

Tipp: Denken Sie stets an das rhythmische Schreiben.
Sie machen dann automatisch weniger Fehler.

Erarbeitung der Griffe y, Mittestrich und Unterstreichung

```
 1  aqayasdf aqayasdf aqayasdf aqayasdf aqayasdf aqayasdf aysdf y
 2  öpö-ölkj ö-öp-lkj öpö-ölkj ö-öpölkj öpö-ölkj ö-öpölkj ö-lkj -

 3  ayaf ayad ayas ayaf ayad ayas ayaf ayad ayas ayaf ayad ayas y
 4  ö-öj ö-ök ö-öl ö-öj ö-ök ö-öl ö-öj ö-ök ö-öl ö-öj ö-ök ö-öl -

 5  ayö- syl- ayö- syl- ayö- syl- ayö- syl- ayö- syl- ayö- syl- y
 6  dyk- fyj- dyk- fyj- dyk- fyj- dyk- fyj- dyk- fyj- dyk- fyj- -

 7  jklö-asdf jkö-öasdf jlö-kasdf ö-ölkjfdsa k-öljfdsa l-öpöfds -
 8  fdsa-ölkj fdsaö-ökj fdsak-ölj asdfjklö-ö asdfjlö-k asföpö-l -
```

Festigung durch Wortübungen

```
 9  Asyl Sylt Asyl Sylt Asyl Sylt Asyl Sylt Asyl Sylt Asyl Sylt y
10  Yard Type Yard Type Yard Type Yard Type Yard Type Yard Type y

11  Yoga Yeti Yoga Yeti Yoga Yeti Yoga Yeti Yoga Yeti Yoga Yeti y
12  Asyl Sylt Yard Type Yoga Yeti Asyl Sylt Yard Type Yoga Yeti y

13  typisch, typische, typisches, typisieren, tyrannisieren, Typ,
14  Typendruck, Typenlehre, Typenpsychologie, Typisierung, Tyrann
```

Festigung - Mittestrich als Silbentrennungsstrich

```
15  ty-pisch, ty-pi-sche, ty-pi-sches, ty-pi-sie-ren, Ty-pen-rad,
16  Ty-pen-druck, Ty-pen-leh-re, Ty-pen-psy-cho-lo-gie, Ty-rannen

17  Ty-po-gra-fie, Ty-po-graf, Ty-po-lo-gie, Ty-ran-ni-sie-rungen
18  Ty-po-skript, Ty-pung, Ty-pe, Ty-pi-sie-run-gen, Ty-pen-lehre
```

Merkregel: Mehrsilbige einfache und abgeleitete Wörter
trennt man nach Sprechsilben, die sich beim
langsamen Sprechen von selbst ergeben.

```
19  Freun-de, for-dern, wei-ter, Or-gel, kal-kig, Bal-kon, Ho-tel
20  Bes-se-rung, Fis-kus, Pla-net, Kon-ti-nent, Ber-lin, Bas-tei,
21  tre-ten, Ru-der, bo-xen, Kre-ta, Chi-na, An-ker, Drechs-lerei
22  Ach-sel, Knos-pen, steck-ten, ges-trige, Hes-sen, At-lan-tik,
```

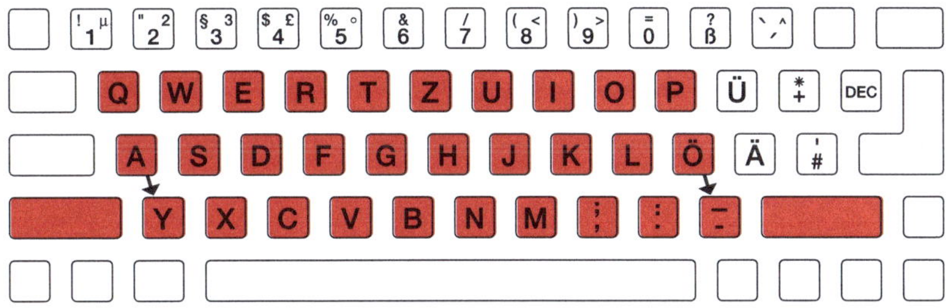

Merkregel: Mittestrich plus Umschaltung ergibt den Grundstrich, also den Unterstreichungsstrich. Bei der elektronischen Schreibmaschine und am PC ist es möglich, diese Funktion vor dem Schreiben einzuschalten und anschließend wieder auszuschalten.

Erarbeitung der Unterstreichung

23 Regel: Unterstrichen wird immer vom ersten bis zum letzten
24 Buchstaben des entsprechenden Wortes. Auch das Satzzeichen
25 wird unterstrichen, wenn das vor ihm stehende Wort unter-
26 strichen ist; Leerzeichen werden ebenfalls unterstrichen.

Tipp: Stellen Sie den Zeilenabstand auf 1 1/2-zeilig ein.

Als Lernkontrolle noch ein Text zum Unterstreichen

27 Heute traf wieder der lustige und interessante Wanderzirkus
28 bei uns ein, der immer neu die Herzen von Jung und Alt er-
29 freut. Am Bahnhof wurde Zirkus Krone mit seinen Affen und
30 Tigern von den treuen Zuschauern recht herzlich empfangen.
31 Gerade in den Ferien ist diese Abwechslung bestimmt mal etwas
32 Besonderes. Der Zirkus Krone gibt immer wieder eine sehr
33 lustige Clown-Einlage. Alle Zuschauer sind begeistert und
34 die Kinder freuen sich ganz besonders.

Tipp: Stellen Sie den Zeilenabstand wieder auf 1.

Merkregel: Vokalverbindungen dürfen nur getrennt werden, wenn sie keine Klangeinheit bilden und sich zwischen ihnen eine deutliche Silbenfuge befindet.

35 Be-fre**i-u**ng, Tra**u-u**ng, Mu-s**e-u**m, kr**e-i**e-ren, Na-t**i-o**-nen,
36 **bö-i**g, Id**e-a**-lis-ten, p**o-e**-tisch, **bö-i**ges, Waa-ge, Aa-le,

Merkregel: Geschriebene Wörter trennt man am Zeilenende so, wie sie sich bei langsamem Sprechen in Silben zerlegen lassen. - Die Abtrennung eines einzelnen Vokals am Ende ist überflüssig, da der Trennungsstrich den gleichen Raum in Anspruch nimmt.

37 Bau-er, Ei-er, steu-ern, na-iv, eu-ro-pä-i-sche, Fa-mi-li-en
38 Kleie, laue, baue, kaue - **nicht** Klei-e, lau-e, bau-e, kau-e

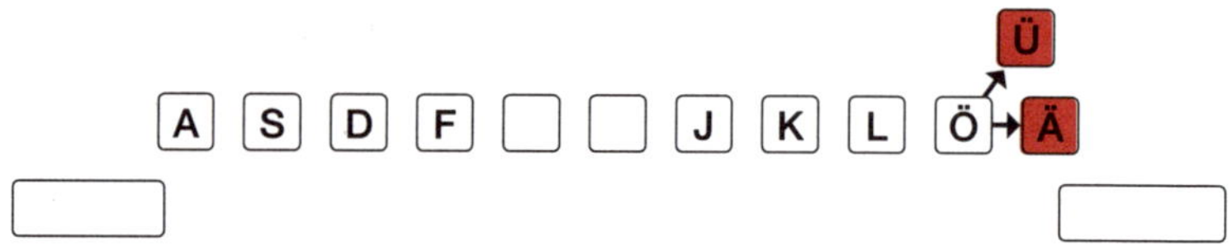

Lektion 14:
Griffe ä und ü

Tipp: Üben Sie beim Maschinenschreiben gleichzeitig die deutsche Rechtschreibung, denn nur dann sind Sie in der Praxis vollwertig einsetzbar.

Erarbeitung der Griffe ä und ü

1 jklöäölkj jklöüölkj jklöäaö jklöüaö jklöäüö jklöäüpö jklpüäöa
2 asdföäölk asdföäüöj asdfäüö asdfpüö asdfüöp asdfäpöü asdfüpöä

3 öäö öüö öäö öüö öäü öäö öüö öäö öüö öäö öäö öüö öäö öüö öäü ä
4 öpü öüp öpä öäp üpö püö äpö päö öpü öüp öüä öäp üpö püö äpö ü

5 sät bät kät gät rät sät bät kät gät rät sät bät kät gät rät ä
6 füg lüg küh lüc rüc rüb fül füg lüg küh lüc rüc rüb fül ühl ü

Festigung durch Wortübungen

7 lägen sägen bät rät tät gäb hätte gären klären nächster wären
8 bäten täten längere hält enthält während verlängert stärkeren

9 länger sagen, verlängert werden, stärker gären, länger gären,
10 länger stärken, währenddessen, gäbe es, kläre es, wären alle,

11 fülle, würde, dafür, kürzlich, überlasse, berührt, ausgeführt
12 übrig, führe, wofür, rückläufig, genügend, rücksichtslos, für

13 Güter, Rücken, Bücken, Brücken, Früchte, Gerüchte, Bemühungen
14 Frühe, Mütter, Lücken, Strünke, Gerüche, Gerümpel, Zündkerzen

Festigung durch Geläufigkeitssätze

15 Die Jäger werden sich längere Zeit damit beschäftigen können. 64
16 Die klärenden Gespräche sollen bereits im nächsten Juni sein. 64
17 Die Umstände drängen darauf, die Zahlungsfrist zu verlängern. 64
18 Diese Vorfälle sollten grundsätzlich schnell aufgeklärt sein. 63
19 Die Verkäufer wären sicherlich gerne entgegenkommend gewesen. 63
20 Die Geschäftsführerin erwägt diese Geschäftsräume anzumieten. 64 382

21 Der jüngere Geschäftspartner erklärte es während der Führung. 64
22 Der Schüler erklärte sich bereit die Stellungnahme abzugeben. 64
23 Der Bürgermeister wäre gern bei der Enthüllung dabei gewesen. 64
24 Diese Ausschüsse prüfen, ob auch die Gebühren anzuheben sind. 64
25 Auf der Rückfahrt aus dem Urlaub hielt der Bus bei Rüdesheim. 66
26 Es genügte allen, die Entscheidung nur mündlich zu begründen. 63 385

767

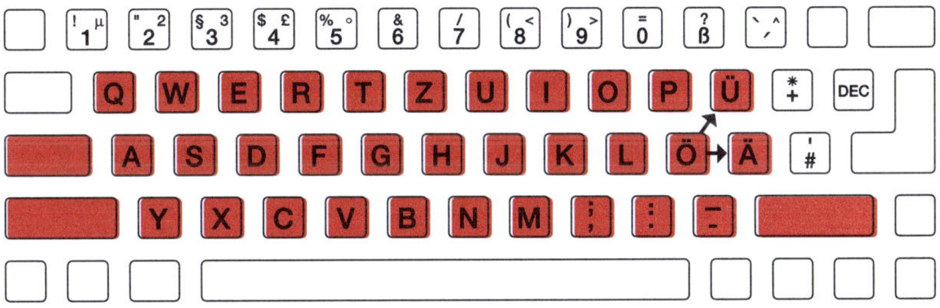

Tipp: Üben Sie die Außengriffe des rechten kleinen Fingers besonders oft.

<u>Sicherheit durch Griffübungen</u>
Schreiben Sie jede Zeile mindestens 3-mal fehlerlos, bevor Sie mit der nächsten Zeile beginnen.

27 asdftrf ölkjzuj asdfrt ölkjuzj jklö-äö fdsayas fdsaqay jklpüä
28 frtfdsa juzjklö trfdsa jzujklö öä-ölkj sayasdf yaqasdf äüplkj

29 afsrdtf jölukzj atsrdf jölzkuj jökäl-ö sfdasya yfdyqsa äjkülp
30 frdrsfa jzkulöj fdrsta jukzlöj ö-läköj aysadfs asqysfy plükjä

31 fvbgtra jmnhzuö fvbgtra jmnhzuö fvbgtra jmnhzuö fvbgtra jmnhz
32 atrgbvf öuzhnmj atrgbvf öuzhnmj atrgbvf öuzhnmj atrgbvf zhnmj

<u>Konzentrationsübung: Englisch</u>
Schreiben Sie auch hier jede Zeile 3-mal, dann ist die Fehlerkontrolle einfacher. Ohne diese geht es nicht.

33 The next morning when they were having their breakfast, they
34 discussed what to do on their first day. When they had dis-
35 cussed the question for some time, they agreed to take a long
36 walk through the streets of the West End to look at the shops
37 and perhaps go shopping themselves. They walked down Charing
38 Cross Raod, a street which is well known for its many shops.

<u>Lernkontrolle durch Fließtext</u>

39 **Neue Medien.** Unter diesem Sammelbegriff versteht man Infor- 64
40 mations- und Unterhaltungsmedien sowie neue Geräte zur Infor- 128
41 mationsspeicherung und -übertragung. Sie sind im Begriff das 190
42 bestehende Mediensystem und damit das Freizeitverhalten der 251
43 Bürger stark zu verändern sowie Umwälzungen in der Arbeits- 313
44 welt auszulösen. Das Bereitstellen der neuen Medien wird in 375
45 der gesamten Bundesrepublik Deutschland mit besonders hohen 437
46 Investitionen vorangetrieben. Neue Medien im engeren Sinne 499
47 sind vor allem die durch die Breitbandverkabelung ermöglich- 560
48 ten neuen Formen der Massenkommunikation, insbesondere Kabel- 624
49 fernsehen und Satellitenfernsehen. Mit der Verkabelung sind 686
50 die Voraussetzungen für eine erhebliche Ausweitung des Fern- 749
51 seh- und Hörfunkprogrammangebotes und damit die von der 805
52 Bundesregierung betriebene Förderung des Privatfunks gegeben. 869

Lektion 15:
Griffe ß und Zeichen ?

Tipp: Handhaltungskontrolle. Anfühltechnik anwenden.

Erarbeitung des Griffs ß und Fragezeichen

1 löpßö öpß?ö löpßö öpß?ö löpßö öpß?ö löpßö öpß?ö löpßö öpß?ö
2 ößpöl ö?ßpö ößpöl ö?ßpö ößpöl ö?ßpö ößpöl ö?ßpö ößpöl ö?ßpö

3 saßöl as?öl saßöl as?öl saßöl as?öl saßöl as?öl saßöl as?öl
4 lößas lö?sa lößas lö?sa lößas lö?sa lößas lö?sa lößas lö?sa

Festigung durch Wortübungen

5 weiß groß weiß groß weiß groß weiß groß weiß groß weiß groß
6 Gruß Stoß Gruß Stoß Gruß Stoß Gruß Stoß Gruß Stoß Gruß Stoß

7 vergaßest, vergießen, schließlich, gleichmäßig, beschließen
8 Postschließfach, verhältnismäßig, Rückäußerung, Stromstöße,

9 Stoßstange, Stoßseufzer, Stoßverkehr, Stoßgeschäft, stoßen,
10 stoßsicher, Stoßrichtung, Stoßkraft, Stoßtrupp, Stoßwaffen,

11 Schließzeiten, Schließfächer, Schließmuskel, Schließketten,
12 Grußformel, Grußadresse, grußlos, grüßen, begrüße, Grußwort

13 außerordentlich, äußerlich, außerparlamentarisch, äußerste,
14 beißen, beißwütig, Beißringe, Beißzange, Beißerei, Beißkorb

Festigung durch Wendungen

15 Postschließfächer abschließen, ziemlich heftige Stromstöße,
16 Beißkörbe für Hunde, beiß nicht in den Apfel, heiß ersehnt,

17 Süßigkeiten genießen, einige stille Genießer, roter Süßmost
18 zwei Maß Bier, er hält Maß, Maß halten, neue Maßkonfektion,

Merkregel: Schreiben Sie immer ß, niemals dafür ss. Das ist nämlich laut Duden ein Rechtschreibfehler.

19 jemanden maßregeln, die Gläser umstoßen, größere Maßnahmen,
20 schnelle Fechtstöße, Süßmost verwahren, Grußworte notieren.

Merkregel: Man schreibt ß nur nach langem Vokal oder nach Doppellaut, nach kurzem Vokal steht hingegen ss.

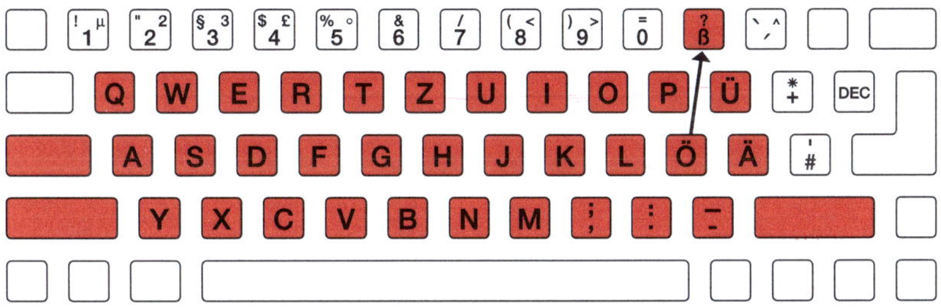

Tipp: Üben Sie möglichst regelmäßig, dann werden Sie bald flüssig und fehlerfrei schreiben können. Schreiben Sie sich immer mit Grifffübungen der bisherigen Lektionen ein.

<u>Festigung durch Geläufigkeitssätze</u>
Schreiben Sie die Sätze auch einmal als Fließtext.

21 Will Willi im Sommerschlussverkauf wieder Süßigkeiten kaufen? 68
22 Wann muss ich die Süßwaren als Expressgut nach Kiel schicken? 68
23 Äußerten sie sich alle, ob das Fass zweckmäßig verpackt wird? 66
24 Lässt es sich wieder ermöglichen, dass alle planmäßig kommen? 65
25 Wo sind auf dem großen Kölner Hauptbahnhof die Schließfächer? 68

26 Gewiss hatten die Vertreter im Juni große Verkaufsergebnisse. 67
27 Anlässlich der Frühjahrsmesse muss Kai mit Maßnahmen rechnen. 67
28 Die neue Maßkonfektion ist letzte Woche bei uns eingetroffen. 66
29 Es ist unerlässlich, dass Sie stets mit dem Essen Maß halten. 67
30 Die Beißerei unter den Hunden hat in letzter Zeit zugenommen. 67

<u>Lernkontrolle durch Fließtext</u>
Textausgabemöglichkeiten durch Drucker

31 Drucker geben die Daten nach Art des Zeichenabdrucks entweder 66
32 zeichenweise, zeilenweise oder seitenweise aus. Fast ohne ein 129
33 Geräusch entstehen die Drucke bei einem Tintenstrahldrucker. 193
34 Bei diesen Druckern ist ein Tintenbehälter mit Farbflüssigkeit 260
35 vorhanden. Über eine Zuleitung wird die Farbe zur Druckstelle 326
36 gepumpt und durch feine Düsen auf das Papier übertragen. Die 390
37 Schrift ist sofort wischfest. Die beste Druckqualität liefern 455
38 die Laserdrucker. Sie drucken die Texte völlig geräuschlos 517
39 zeilen- und seitenweise aus. Laserstrahlen entladen an ganz 579
40 bestimmten Stellen einen Zwischenbildträger, der sich auf 639
41 einer mit Metallteilchen versehenen Trommel befindet. Durch 702
42 Toner, ein schwarzes Pulver, wird die Schrift sichtbar. Vor 766
43 der Anschaffung eines Druckers sind verschiedene Überlegungen 832
44 notwendig. Neben der Ausgabegeschwindigkeit, dem Preis, der 894
45 Druckqualität und den Wartungskosten sind die Druckgeräusche 958
46 von Bedeutung. Laserdrucker haben sicherlich viele Vorzüge. 1021
47 Wollen Sie einen Laserdrucker an den Computer anschließen, 1083
48 so benötigen Sie einen Druckertreiber. Diese Programmdatei 1146
49 enthält die Befehle, um die Funktionen Ihres Druckers zu 1207
50 aktivieren. Mit den zusätzlichen Informationen über Namen, 1269
51 Größe und Form der internen Schrifttypen kann die Software 1332
52 Ihren Text richtig formatieren. 1366

Lektion 16:
Accent aigu und Accent grave

Merkregel: Erst Akzente, dann Buchstaben schreiben. Der rechte kleine Finger geht über „ü" hinweg zur Akzenttaste, der so genannten Tottaste.

Erarbeitung accent aigu ´

Achtung: Denken Sie daran, bei der Griffübung ein oder zwei Leertasten nach dem Akzentzeichen auszuführen.

1 ö´ö ö´ö ö´ö ö´ö ö´ö öä´ öä´ öä´ öä´ öä´ rü´ rü´ rü´ rü´ rü´
2 lé lé lé lé lé té té té té né né né né né tré tré tré tré t

Tipp: Schreiben Sie jede Zeile 2- bis 3-mal.
Diese Seite erfordert **höchste Konzentration.**

Anwendung durch eine kleine Übung Französisch
accent aigu ´ ohne Umschaltung

3 Schönheit beauté beauté beauté beauté beauté beauté
4 Kino cinéma cinéma cinéma cinéma cinéma cinéma
5 Heiltrank élixir élixir élixir élixir élixir élixir
6 Eingang entrée entrée entrée entrée entrée entrée
7 Litze, Borte liséré liséré liséré liséré liséré liséré
8 Markt marché marché marché marché marché marché

9 beauté cinéma élixir entrée liséré marché musées beauté
10 beauté cinéma élixir entrée liséré marché musées beauté

Erarbeitung accent grave `

11 ö`ö ö`ö ö`ö ö`ö ö`ö öä` öä` öä` öä` öä` rü` rü` rü` rü` rü`
12 lè lè lè lè lè nè nè nè nè nè très très très très très très

Anwendung durch weitere französische Wörter
accent grave ` mit Umschaltung

13 danach après après après après après après après
14 Bier bière bière bière bière bière bière bière
15 teuer chère chère chère chère chère chère chère
16 Meter mètre mètre mètre mètre mètre mètre mètre
17 da ist voilà voilà voilà voilà voilà voilà voilà
18 sehr gut très bien, très bien, très bien, très bien

19 après bière chère mètre voilà très après bière chère mètre
20 après bière chère mètre voilà très après bière chère mètre

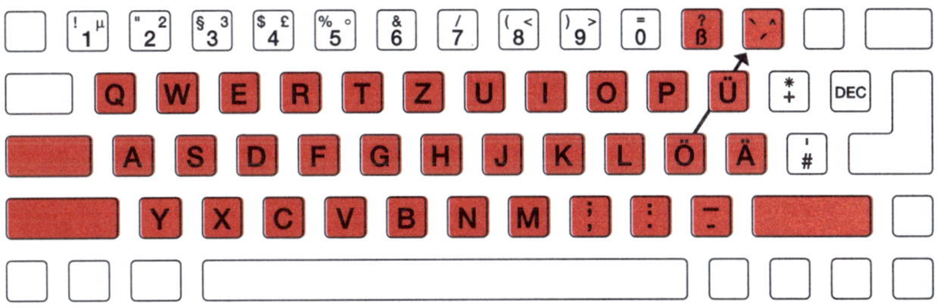

Merkregel: Die Akzente accent aigu ´, accent grave ` und accent circonflexe ^ schreiben Sie mit der so genannten Tottaste, bei deren Anschlag sich der Schreibschritt nicht weiterbewegt.

Achtung: Das Accent-circonflexe-Zeichen erhalten Sie durch das **Zusammensetzen von accent aigu** und **accent grave**, wenn es nicht auf der Tastatur ist.

Anwendung des accent circonflexe

21 das Tier   la bête, la bête, la bête, la bête, la bête
22 das Fest   la fête, la fête, la fête, la fête, la fête
23 der Kuchen   le gâteau, le gâteau, le gâteau, le gâteau,
24 vielleicht   peut-être, peut-être, peut-être, peut-être,
25 der Kopf   la tête, la tête, la tête, la tête, la tête
26 das Hotel   l'hôtel, l'hôtel, l'hôtel, l'hôtel, l'hôtel

Merkregel: Der Akut (accent aigu) ersetzt den Apostroph. Beispiel: Hol's wieder.

Lernkontrolle durch französische Namen mit Akzenten

27 Béatrice, Frédéric, René, Léon, Désirée, Bougé, Théâtre,
28 Eugène, Mylène, Sèvres, Ginès, La Bohème, Thérèse, Liège
29 die Rhône, die Saône, et Côte d'Azur, an der Côte d'Azur

Verknüpfung durch deutsche Sätze mit französischen Wörtern

Tipp: Verändern Sie wieder einmal den Zeilenabstand auf 1 1/2.

30 Wir werden heute doch im Hôtel Liège in Bougé übernachten.
31 In Orange besuchen wir zuerst wieder das schöne Amphithéâtre.
32 Diesmal war die Unterkunft im Hôtel Chevalier hervorragend.
33 Nach der Fahrt durch das Rhône-Delta erreichen wir Marseille.
34 Für nächsten Freitag ist ein Tagesausflug nach Ginès geplant.
35 Ginès liegt im herrlichen Naturschutzgebiet der Camargue.

Merkregel: Sicherheit in der Anwendung der Akzente erreichen Sie nur durch häufiges Üben.

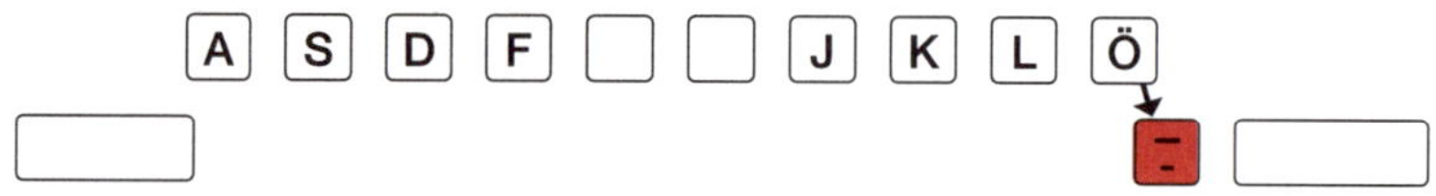

Lektion 17:

Mittestrich (Anwendung)

Der Mittestrich als **Bindestrich** in Straßennamen

Merkregel: Den Bindestrich setzt man in Straßennamen, wenn die Bestimmung zum Grundwort aus mehreren Wörtern besteht.

1 Kaiser-Friedrich-Ring, Albrecht-Dürer-Str., Robert-Koch-Str.,
2 Wilhelm-Busch-Straße, Kaiser-Wilhelm-Straße, St.-Georgs-Str.,
3 Bürgermeister-Lang-Straße, Sankt-Hubertus-Kai, Van-Dyck-Str.,
4 Berliner-Tor-Platz, Am St.-Georgs-Kirchhof, St.-Ursula-Platz,

5 Die Bürgermeister-Lang-Straße ist schon für den Verkehr frei.
6 Am St.-Georgs-Kirchhof steht wieder ein neues Verkehrsschild.
7 Die Buslinie der Stadtwerke verkehrt auf der Van-Dyck-Straße.
8 Die größten Schiffe ankern überwiegend am Sankt-Hubertus-Kai.

Der Mittestrich als **Gedankenstrich**

Merkregel: Der Gedankenstrich steht vor und nach eingeschobenen Satzstücken und Sätzen, die das Gesagte erläutern oder ergänzen.

9 Dieses Bild - es ist das bekannteste des Künstlers - wurde
10 bereits vor einigen Jahren nach Lateinamerika verkauft.

11 Sie wundern sich - so schreiben Sie -, dass ich nur selten von
12 mir hören lasse. Er weigerte sich - leider - nach Frankfurt
13 zu kommen. Schreiben Sie - wie immer - langsam und im Takt.

14 Philipp verließ - im Gegensatz zu seinem Vater, der vierzig
15 weite Reisen bis Rom unternommen hatte - Spanien nicht mehr.

16 Er versuchte es mehrmals - aber ohne Erfolg. Hier hilft nur
17 eins - sofort operieren, sonst muss sie sicher bald sterben.

Der Mittestrich als **Streckenstrich** und **„gegen"**

18 Der Personenzug befuhr schon immer die Strecke Kiel - Bremen.
19 Die Flüge Frankfurt - New York - Los Angeles sind ausgebucht.

20 Das Fußballspiel Werder Bremen - Eintracht Frankfurt ist aus.
21 Bei dieser Jugendmeisterschaft spielen SK Münster - SK Brühl.

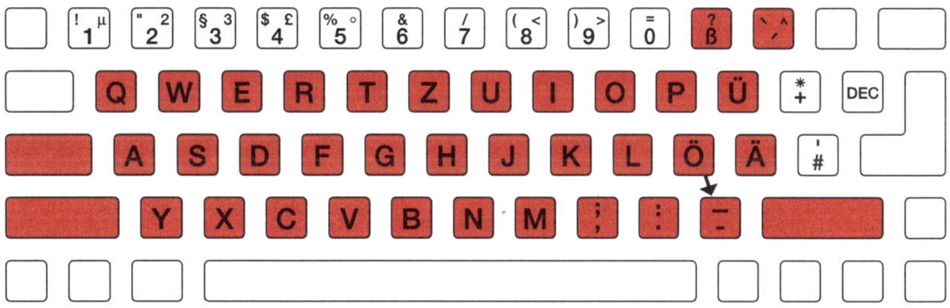

Tipp: Achten Sie immer auf die richtige Schreibweise der Straßennamen.

Merkregel: Das erste Wort eines Straßennamens wird immer großgeschrieben, ebenso alle zum Namen gehörenden Adjektive und Zahlwörter.

22 Im Trutz, Am Alten Lindenbaum, An den Drei Tannen, In dem Tal
23 Kleine Bockenheimer Straße, In der Langen Gasse, Auf dem Berg

Merkregel: Straßennamen, die aus einem einfachen oder zusammengesetzten Substantiv oder Namen und einem für Straßennamen typischen Grundwort bestehen, werden zusammengeschrieben.

24 Solche typischen Grundwörter sind: ...allee, ...ring, ...tor,
26 ...damm, ...gasse, ...promenade, ...platz, ...straße, ...weg,

26 Schlossstraße, Brunnenweg, Bahnhofstraße, Rathausgasse, Torweg
27 Bismarckring, Beethovenplatz, Augustaanlage, Stresemannplatz,

Merkregel: Straßennamen, die aus einem ungebeugten Adjektiv und einem Grundwort zusammengesetzt sind, werden zusammengeschrieben.

28 Altmarkt, Neumarkt, Hochstraße, Großmarkt, Neustraße, Altweg,

Merkregel: Straßennamen schreibt man dagegen meist getrennt, wenn das Adjektiv gebeugt ist.

29 Große Promenade, Langer Graben, Hohe Straße, Belgische Straße

Merkregel: Straßennamen schreibt man auch bei Ableitungen auf -er von Orts- und Ländernnamen getrennt.

30 Münchener Straße, Bad Neuenahrer Steg, Am Saarbrücker Graben,
31 Schweizer Platz, Englischer Garten, Kölner Platz, Kieler Weg,

Lernkontrolle durch Geläufigkeitssätze mit Straßennamen

32 Herr Müller wohnt mit seiner Tochter in der Hamburger Straße.
33 Das sehr alte Rathaus der Stadt steht in der Friedrichstraße.
34 Ich glaube, Herr Kley wohnt noch am Tiefen Bach in Frankfurt.
35 In der Konrad-Adenauer-Straße gibt es viele schöne Geschäfte.

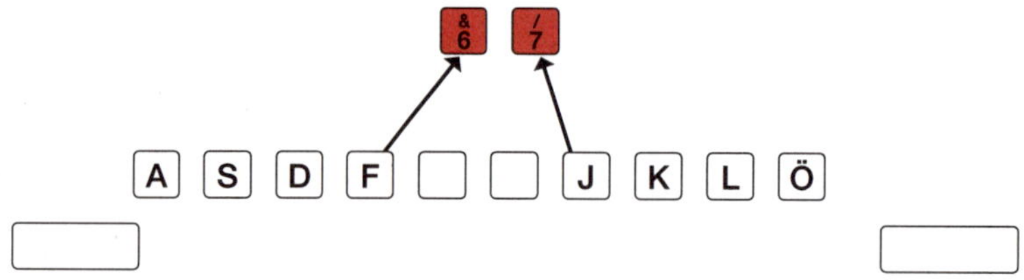

Lektion 18:

Ziffern 6 und 7, Zeichen & und /

Tipp: Achten Sie darauf, dass wenigstens die kleinen Finger in der Grundstellung bleiben, wenn Sie nach oben in die Ziffernreihe greifen müssen.

Erarbeitung der Ziffern 6 und 7 und der Zeichen & und /
Schreiben Sie bitte jede Zeile der Griffübungen 3-mal.

1 ju7j ft6f ju7j ft6f ju7j ft6f ju7j ft6f ju7j ft6f ju7j ft6f j
2 ju7/ ft6& ju7/ ft6& ju7/ ft6& ju7/ ft6& ju7/ ft6& ju7/ ft6& j

3 f6j7 f6j7 f6j7 f6j7 f6j7 f6j7 f6j7 f6j7 f6j7 f6j7 f6j7 f6j7 f
4 f&j/ f&j/ f&j/ f&j/ f&j/ f&j/ f&j/ f&j/ f&j/ f&j/ f&j/ f&j/ f

5 öj7j af6f öj7j af6f öj7j af6f öj7j af6f öj7j af6f öj7j af6f ö
6 öf6a aj7ö öf6a aj7ö öf6a aj7ö öf6a aj7ö öf6a aj7ö öf6a aj7ö ö

7 asd6 ölk7 asd6 ölk7 asd6 ölk7 asd6 ölk7 asd6 ölk7 asd6 ölk7 7
8 6dsa 7klö 6dsa 7klö 6dsa 7klö 6dsa 7klö 6dsa 7klö 6dsa 7klö 6

9 67&/ 67&/ 67&/ 67&/ 67&/ 67&/ 67&/ 67&/ 67&/ 67&/ 67&/ 67&/ &
10 76/& 76/& 76/& 76/& 76/& 76/& 76/& 76/& 76/& 76/& 76/& 76/& /

Festigung durch Ziffern in Verbindung mit Wörtern

11 6 Tage, 7 Jahre, 6 Tage, 7 Jahre, 6 Tage, 7 Jahre, 6 Tage, 76
12 6 Eier, 7 Biere, 6 Eier, 7 Biere, 6 Eier, 7 Biere, 6 Eier, 67

13 66 Hunde, 77 Katzen, 66 Hunde, 77 Katzen, 66 Hunde, 77 Katzen
14 67 Hunde, 76 Katzen, 67 Hunde, 76 Katzen, 67 Hunde, 76 Katzen

15 7 Jäger, 7 Jahrbücher, 7 Uhren, 7 Pferde, 7 Haushalte, 7. Tag
16 6 Jäger, 6 Jahrbücher, 6 Uhren, 6 Pferde, 6 Haushalte, 6. Tag

17 77 Lit - 77 italienische Lire, 76 Ft - 76 ungarische Forints,
18 7 skr - 7 schwedische Kronen, 67 sfrs - 67 Schweizer Franken,
19 6 nkr - 6 norwegische Kronen, 76 ikr - 76 isländische Kronen,

Festigung durch Satzübungen

20 Die Geschäfte in der Burgstraße 77 a bestehen schon 66 Jahre.
21 Die Anschriften der Besitzer waren auf Seite 676 verzeichnet.

22 Die Aufgaben stehen nicht auf Seite 67, sondern auf Seite 76.
23 Die Kapitel auf Seite 767 über die Revision sind interessant.

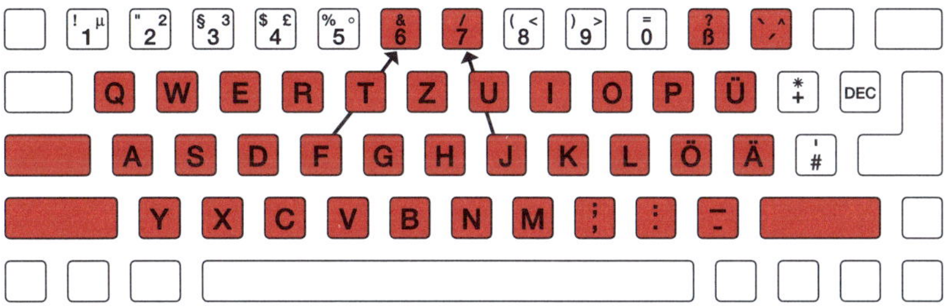

Merkregel: Das Zeichen für „und" & darf **nur in Firmenbezeichnungen** verwendet werden.

Der Schrägstrich / ersetzt in bestimmten Fällen das Wort **„pro"** und **„bis"**, in einigen Fällen auch die Wörter **„und"** bzw. **„oder"**. Er wird aber auch als Bruchstrich verwendet.

Anwendung der Zeichen & und /

24 Meier & Sohn, Max & Müller, Weber & Schmidt, Bärman & Seide,
25 Röste & Sägemeier, Miller & Eaten, Weisgerber & Spielermann,

26 Die Firma Karl Meier & Sohn liefert immer besonders schnell.
27 Diese Druckschrift druckt die Firma Hans Müller & Co., Kiel.

28 J/K ist die Abkürzung für Joule pro Kelvin - Wärmekapazität.
29 Das Preis-/Leistungsverhältnis stimmt nie bei dieser Arbeit.

30 Für 6/6 könnten wir besser ein Ganzes einer Einheit rechnen.
31 Allerdings sind 6/7 noch kein Ganzes einer bestimmten Größe.

32 Wenn wir 7 6/7 haben, sind dies fast acht Ganze der Einheit.
33 Die Paragraphen 6/7 werden in nächster Zeit geändert werden.

34 Ein Blutalkoholgehalt von weniger als 6 o/oo ist schon viel.
35 Die Gebühr für diese Versicherung betrug in dem Jahr 7 o/oo.

Lernkontrolle durch Fließtext

36 Die Firma Engelbert Heinemann & Co., Wuppertal-Elberfeld, hat 70
37 heute ihre neue Preisliste Nr. 6 gesandt. Auf der Seite 7 ist 136
38 ein sehr schönes Sonderangebot für Gartenmöbel zu finden. Wir 201
39 können uns diese besonders günstige Ausführung einmal genauer 264
40 ansehen, bevor wir uns entscheiden, ob wir bei der Firma Hans 328
41 Klein & Sohn in Köln kaufen wollen. So ein Qualitätsvergleich 396
42 ist gewiss keine Schwierigkeit, aber auch nicht ungewöhnlich. 459
43 Wollen wir uns als Termin einmal den 6. oder 7. Mai notieren? 525
44 Haben wir bis zu diesem Stichtag noch keine attraktiven Möbel 590
45 für unsere Gartenlauben gefunden, dann ist es noch früh genug 653
46 für den Kauf. Der Sommer beginnt oft nicht im Mai. Vielleicht 720
47 können wir dann noch einen Preisnachlass von 6 oder 7 Prozent 784
48 erreichen. Die Rechnungssumme beträgt sowieso mehr als 767 €. 850

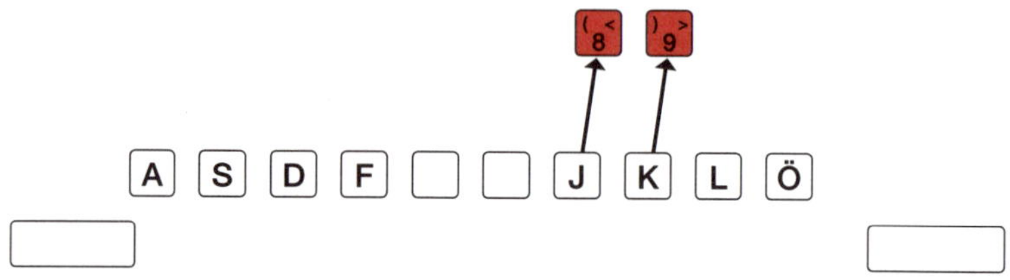

Lektion 19:

Ziffern 8 und 9, Zeichen ( )

Tipp: Üben Sie die Ziffern regelmäßig. Sehen Sie auch jetzt nicht auf die Tasten.

<u>Erarbeitung der Ziffern 8 und 9 und der Klammerzeichen</u>
Schreiben Sie jede Zeile der Griffübungen mehrmals ab.

1 ju8jklö ki9klöj ju8jklö ki9klöj ju8jklö ki9klöj ju8jklö ki9kl
2 j8ujklö k9iklöj j8ujklö k9iklöj j8ujklö k9iklöj j8ujklö k9ikl

3 ju8ki9 ju8ki9 ju8ki9 ju8ki9 ju8ki9 ju8ki9 ju8ki9 ju8ki9 j8k9j
4 ki98uj ki98uj ki98uj ki98uj ki98uj ki98uj ki98uj ki98uj k98jk

5 j8jklö k9klöj j8jklö k9klöj j8jklö k9klöj j8jklö k9klö j8k9jk
6 ft6ju8 fz7ki9 ft6ju8 fz7ki9 ft6ju8 fz7ki9 ft6ju8 fz7ki9 fz7u8

7 fgz7 jhu8 fgz7 jhu8 fgz7 jhu8 fgz7 jhu8 fgz7 jhu8 fgz7 jhu8hj
8 fgt6 jki9 fgt6 jki9 fgt6 jki9 fgt6 jki9 fgt6 jki9 fgt6 jki9jf

9 ju8(j ki9)k ju8(j ki9)k ju8(j ki9)k ju8(j ki9)k ju8(j ki9)k 8
10 j8(jk k9)kj j8(jk k9)kj j8(jk k9)kj j8(jk k9)kj j8(jk k9)kj 9

<u>Festigung:</u> Verbindung der Ziffern und Klammern mit Wörtern

11 vor 8 Tagen, in 9 Wochen, vor 8 Stunden, in 9 Jahren, 89 Tage
12 vor 9 Tagen, in 8 Wochen, vor 9 Stunden, in 8 Jahren, 98 Tage

13 die Woche: a) Montag, b) Dienstag, c) Mittwoch, d) Sonnabend,
14 (Montag), (Dienstag), (Mittwoch), (Donnerstag), (Freitag), 89

Merkregel: Bei der Kennzeichnung von Aufzählungen folgt die Nachklammer unmittelbar auf das Zeichen.
Vor und nach Textteilen, die in Klammern eingeschlossen werden, steht kein Leerzeichen.
Klammern werden stets wie Interpunktionszeichen behandelt.

15 in Frankfurt (Main), siehe a) und b), (a - b) Atmosphäre (at)
16 8 - 9 Zeilen, 8 bis 9 Zeilen, Zeile 8 und 9, 8. und 9. Zeile,

17 bitte 8-fach, das 9-jährige Kind, der 89-jährige Vater, 89 t,
18 7.689 €, 7.689 EUR, € 176,00, EUR 76,00, $ 2.789, USD 2.789,

Merkregel: Die internationalen Währungsbezeichnungen sind den bisher üblichen gleichgesetzt. Die Darstellung von Währungssymbolen wie Dollar ($)und Euro (€) können durch USD und EUR ersetzt werden.

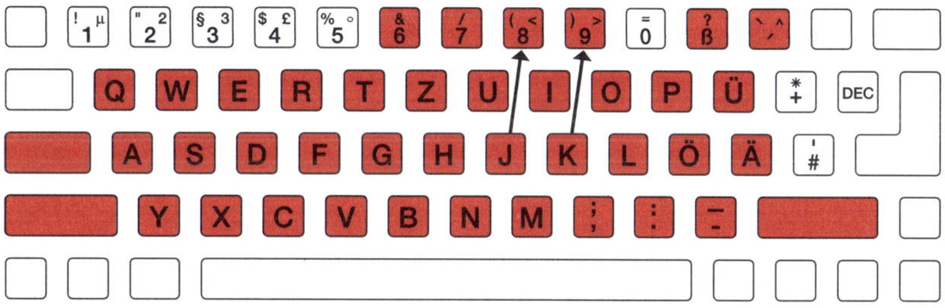

Merkregel: Falsche Zahlen verändern den Sinn des Satzes, deshalb üben Sie Zahlen besonders gründlich.

Sicherheit durch Grifffübungen = Fingergymnastik

19 ju8jki9k j8jk9k j8jk9k j8jk9k j8jk9k j8jk9k j8jk9k j8k9j j8k9
20 k9ikj8uj k9kj8j k9kj8j k9kj8j k9kj8j k9kj8j k9kj8j j9k8j 9k8j

21 ju7jft6f ju8jki9k ju7jft6f ju8jki9k ju7jft6f ju8jki9k ju7ft6j
22 f6tfj7uj k9ikj8uj f6tfj7uj k9ikj8uj f6tfj7uj k9ikj8uj j6tf7uj

23 f6fj7j f6fk9k j7jk9k f6fj8j k9kf6f j8jk9k f67j9k 7j9k6f 8679k
24 j7jf6f k9kf6f k9kj7j j8jf6f f6fk9k k9kj8j k9j76f f6k9j7 k9768

Anwendung der Ziffern und Zeichen in Satzübungen
Schreiben Sie jede Zeile mindestens 3-mal fehlerfrei.

25 Diese beiden Klammern umschließen Textteile ohne Leerzeichen.
26 Auch Präpositionen (Verhältniswörter) werden kleingeschrieben.

27 Das Verb wurde oft auch als Substantiv (Hauptwort) gebraucht.
28 Am 6. Februar d. J. (dieses Jahres) erhielt ich Ihre Sendung.

29 Er war immer der Erste (dem Range nach), der durchs Ziel kam.
30 Er war immer die Nummer Eins (also der Erste) beim Speerwurf.

31 Bitte bringen Sie alles mögliche Material zur Zubereitung mit.
32 Jeder könnte ja alles Mögliche zur Klärung der Lage versuchen.

33 Am frühen Morgen fuhr mein Zug bereits von Mainz nach München.
34 Am Abend erfuhren wir, dass unser Lastkraftwagen verunglückte.

35 Eine Vorwahlnummer (Ortsnetzkennzahl) setzt man in Klammern.
36 Danzig (Polen), Toulouse (Frankreich), Salzburg (Österreich)

Lernzielkontrolle durch Fließtext

37 Der Sachbearbeiter der Kölner Metallwerke, Herr August Klein, 68
38 ist bereits in der 7. Woche im Ausland tätig. Er überprüft in 131
39 vielen ausländischen Niederlassungen die abgeschlossenen Pro- 194
40 jekte. Sicherlich ist dies nicht immer sehr einfach. Am nächs- 258
41 ten Wochenende (also Pfingstsamstag) erwarten wir alle hier. 321

Tipp: Achten Sie auf die Anwendung der Klammerzeichen und die richtige Schreibweise der Satzzeichen nach einer Klammer.

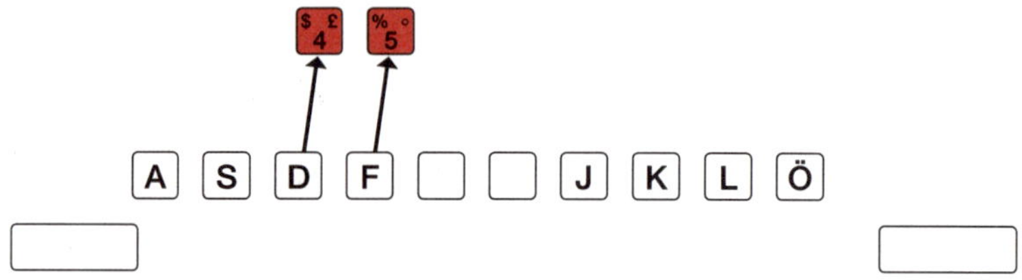

Lektion 20:

Ziffern 4 und 5, Zeichen $ und %

Erarbeitung der Ziffern 4 und 5, Dollar- und Prozentzeichen

1 fr5rf de4ed fr5rf de4ed fr5rf de4ed fr5rf de4d fr5f de4d fr5f
2 fr5fd de4ds fr5fd de4ds f5fds d4dsa f5dsa d4da f5as d4as f5sa

3 f5f d4d j8j k9k f5f d4d j8j k9k f5f d4d j8j k9k f5f d4d j8j 9
4 f6f j7j f5f j8j d4d k9k f6f j7j f5f j8j d4d k9k f6f j7j f5f 8

5 5f4d 8j9k 5f4d 8j9k 5f4d 8j9k 5f4d 8j9k 5f4d 8j9k 5f4d j89k 5
6 f6d4 j7k9 f6d4 j7k9 f6d4 j7k9 f6d4 j7k9 f6d4 j7k9 f6d4 j7k9 4

7 de4$d fr5%f de4$d fr5%f de4$d fr5%f de4$d fr5%f de4$d fr5%f $
8 d$4ed f%5rf d$4ed f%5rf d$4ed f%5rf d$4ed f%5rf d$4ed f%5rf %

Tipp: Bleiben Sie auch bei den Ziffern und Zeichen
der oberen Tastenreihe beim Tastschreiben.
Übung macht auch hier den Meister!

Festigung: Verbindung der Ziffern und Zeichen mit Wörtern

9 die 4 Eichen, die 5. Reihe, die 4. Fachmesse, 5 Sonnenschirme
10 die 4 Kuchen, die 5. Riege, die 4. Buchmesse, 5 Regenschirme,

11 in 54 Tagen, alle 45 Fässer zu 54,78 DM, am 5. dieses Monats,
12 in 58 Tagen, alle 49 Fässer zu 67,85 DM, am 4. dieses Monats,

13 5 % Rückvergütung, eine 5%ige Rückvergütung, 5 % Zinsguthaben
14 4 $ Rückvergütung, eine 4%ige Rückvergütung, 4 $ Zinsguthaben

15 Das Prozentzeichen steht nach einem Leerzeichen hinter den je-
16 weiligen Ziffern, also 4 % Zinsen, aber in der Wortverbindung
17 ohne Leertaste, also eine 95%ige Preisminderung wird gewährt.

18 458 $ (vierhundertachtundfünfzig Dollar), 65 $ (65 Dollar).
19 Auch das Dollarzeichen ersetzt ein Wort, deshalb machen wir
20 vorher und nachher ein Leerzeichen (4 $, 5 $, 67 $, 894 $).

Festigung durch Geläufigkeitssätze

21 Der ICE-Zug kam bereits frühmorgens in Frankfurt am Main an.
22 Beim heutigen Dollarkurs kostet die Verpackung nur knapp 4 $.
23 Der Rechnungsbetrag der Firma Kleinman lautete über $ 500,00.

Merkregel: Die Symbole für Währungseinheiten werden im
Zahlungsverkehr vorangestellt, sonst stehen sie
hinter dem Betrag. Die internationale Währungs-
bezeichnung kann das Symbol ersetzen.

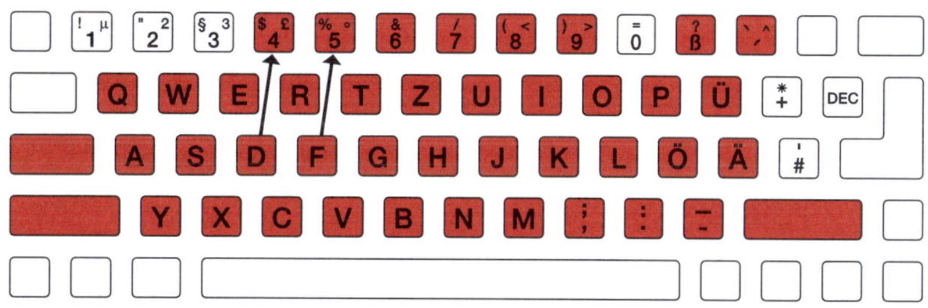

Konzentration durch Griffübungen = Fingergymnastik

24 ölkj8j9k8lö asdf5f4d5sa ölkj8j9k8lö asdf5f4d5sa ölkj8j9k8lö a
25 öl8k9j8jklö as5d4f5fdsa öl8k9j8jklö as5d4f5fdsa öl8k9j8jklö ö

26 r5e4w5sa u8i9o8lö r5e4w5sa u8i9o8lö r5e4w5sa u8i9o8lö r5e4w5s
27 as5w4e5r öl8o9i8u as5w4e5r öl8o9i8u as5w4e5r öl8o9i8u as5w4e5

28 gt6fr5de4sa jhz7ju8ki9lö gt6fr5de4sa jhz7ju8ki9lö gt6fr5de4sa
29 as4ed5rf6tg öl9ik8ju7zhj as4ed5rf6tg öl9ik8ju7zhj as4ed5rf6tg

Lernzielkontrolle durch Fließtext
Wenn Sie sich vorstellen ...

30 Beide Seiten wollen im Vorstellungsgespräch feststellen, ob 64
31 sie zueinander passen. Schon wenn die Tür aufgeht, so sind bei 130
32 beiden Antennen ausgefahren: Jede Bewegung, jede Geste ist ein 199
33 Signal, das der andere aufnimmt und dann im Unterbewusstsein 264
34 wertet. Denken wir in dem Zusammenhang an die Sinneseindrücke. 329

35 Wie sieht der andere aus, wie ist seine Stimme, wie riecht er? 396
36 Schon in den allerersten Sekunden finden Sie einen Menschen 460
37 sympathisch - oder auch nicht. Der erste Eindruck ist mithin 524
38 entscheidend. Das läuft ganz emotional ab. Im Laufe der Zeit 590
39 kann das aber - eben auf rationale Weise - korrigiert werden. 654

40 Geprägt hat aber das erste Bild. Geben Sie sich so natürlich 720
41 wie möglich, grüßen Sie freundlich, nennen Sie Ihren Namen, 785
42 bedanken Sie sich für die Einladung, lächeln Sie, halten Sie 851
43 Blickkontakt. Dann haben Sie die erste Hürde überwunden. Nun 918
44 kann es durchaus passieren, dass Sie Ihren Gesprächspartner 982

45 unsympathisch finden. Werfen Sie nicht gleich das Handtuch. 1046
46 Gerade dann müssen Sie sich Ihre Ziele, die Sie gern erreichen 1115
47 wollen, vor Augen führen. Das mag vielleicht nicht ganz leicht 1181
48 sein, aber bleiben Sie trotzdem offen und freundlich. Nach der 1247
49 Begrüßung wird oft zunächst über weniger Wichtiges gesprochen. 1313

50 Bleiben Sie dabei nicht stumm. Wenn Ihnen z. B. Kaffee oder ein 1384
51 anderes alkoholfreies Getränk angeboten wird, nehmen Sie es mit 1450
52 einem Dankeschön an. Dann wird man Fragen stellen. Antworten 1516
53 Sie so korrekt wie möglich. Am besten lesen Sie vorher nochmals 1584
54 Ihr Bewerbungsschreiben und den Lebenslauf durch, damit Sie im 1652

55 Gespräch Widersprüche vermeiden. Rechnen Sie mit Fragen zur 1718
56 Person, zu Ihren Kenntnissen und Fähigkeiten. Mit Sicherheit 1786
57 wird man Sie fragen, warum Sie sich gerade für diesen Beruf 1850
58 entschieden haben, warum Sie sich bei diesem Betrieb bewerben. 1915

Lektion 21:
Ziffern 3 und 0, Zeichen § und =

Erarbeitung der Ziffern 3 und 0, Zeichen § und =

1 sw3wsdf lo0olkj sw3wsdf lo0olkj sw3wsdf lo0olkj sw3wsdf lo0lk
2 fdsw3ws jklo0ol fdsw3ws jklo0ol fdsw3ws jklo0ol fdsw3ws los3s

3 s3sl0l s3sl0l s3sl0l s3sl0l s3sl0l s3sl0l s3sl0l s3sl0l s30ls
4 l0ls3s l0ls3s l0ls3s l0ls3s l0ls3s l0ls3s l0ls3s l0ls3s sl03s

5 s3sxs3 l0l.l0 s3sxs3 l0l.l0 s3sxs3 l0l.l0 s3sxs3 l0l.l0 s3x.0
6 s3d4fa l0k9jö s3d4fa l0k9jö s3d4fa l0k9jö s3d4fa l0k9jö s4d4l

7 s3§sdf l0=lkj s3§sdf l0=lkj s3§sdf l0=lkj s3§sdf l0=lkj 3§0=l
8 fds§3s jkl=0l fds§3s jkl=0l fds§3s jkl=0l fds§3s jkl=0l fds§3

9 § = Paragraph, §§ = Paragraphen, die §§ 3 und 4, § 34, § 304,
10 § = Paragraph, §§ = Paragraphen, die §§ 3 und 4, § 34, § 304,

Festigung der Ziffern und Zeichen

11 3 Stellen, 3 Seiten, 3 Spalten, 3 Fristen, 3 Firmen, 3 Fragen
12 30 Seiten, 30 Meter, 30 Karten, 30 Lampen, 30 Lagen, 30 Autos

13 am 30. dieses Monats = am 30. d. M.; am 30. März = am -03-30
14 am 30. dieses Jahres = am 30. d. J.; am 30. Juni = am -06-30

15 am 03-04-03 = am 3. April 03, um 03:00 Uhr und um 03:30 Uhr,
16 am 03-09-03 = am 3. Sept. 03, um 08:33 Uhr und um 08:35 Uhr,

17 30 Jacken, 40 Leute, 50 Kerzen, 60 Plätze, 70 Autos, 80 Tage,
18 90 Jacken, 34 Leute, 35 Kerzen, 36 Plätze, 37 Autos, 38 Tage,

19 am 03-04-06, am 03-05-06, am 03-09-07, am 03-05-30, am -05-30
20 am 03-06-04, am 03-06-05, am 03-07-09, am 03-05-05, am -06-30

21 Seite 303 enthält die §§ 33 und 34. Es gilt § 3 Abs. 3 Satz 5
22 Seite 330 enthält die §§ 36 und 37. Es gilt § 4 Abs. 3 Satz 7

23 300,00 EUR = 300 Europäische Union Euro, 0,30 € = 30 Cent,
24 300,30 EUR = 300 Euro und 30 Cent, 30 km, § 83, Seite 334,

Merkregel: Die numerische Schreibweise des Datums sollte international in der Reihenfolge Jahr-Monat-Tag (2003-11-03) erfolgen. Wenn es keine Verwechslung gibt, ist die Reihenfolge Tag.Monat.Jahr (03.11.2003) zulässig.

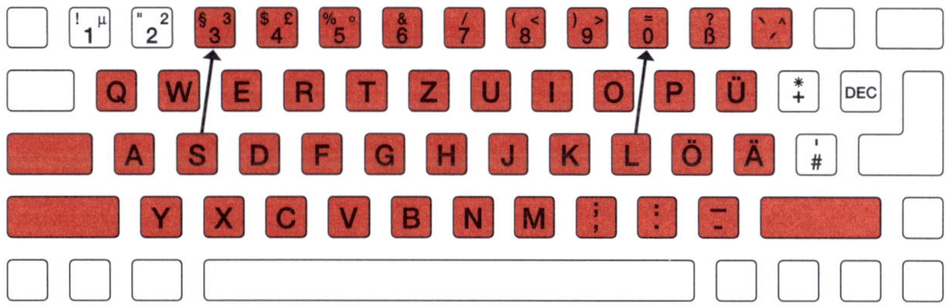

Tipp: Üben Sie die Ziffern und Zeichen regelmäßig;
nur dann ist eine dauerhafte Sicherheit möglich.

Sicherheit durch Griffübungen

```
25  lo0lo=l sw3sw§s lo0lo=l sw3sw§s lo0lo=l sw3sw§s lo0lo=l sw3l0
26  ki9ki)k de4de$d ki9ki)k de4de$d ki9ki)k de4de$d ki9ki)k de4k9

27  fr5fr%f ju8ju(j fr5fr%f ju8ju(j fr5fr%f ju8ju(j fr5fr%f ju8j(
28  fgt6g&f jhz7h/j fgt6g&f jhz7h/j fgt6g&f jhz7h/j fgt6g&f jh7j/

29  asdf6f5 ölkj7j8 asdf6f5 ölkj7j8 asdf6f5 ölkj7j8 asdf6f5 ök7j8
30  6f5fd4d 7j8jk9k 6f5fd4d 7j8jk9k 6f5fd4d 7j8jk9k 6f5fd4d 65478
```

Sicherheit durch Wendungen

```
31  am 30. dieses Monats = am 30. d. M., am 30. September d. J.,
32  am 30. nächsten Monats = am 30. n. M., am 30. Oktober d. J.,

33  30 Kerzen liefern, 33 Lampen anzünden, 435,50 m Stoffe kaufen,
34  50 Karten zählen, 305 Lampen anzünden, 45,50 m Bretter kaufen,

35  3 Aussteller anschreiben, 39 Interessenten melden, am 13. Aug.
36  9 Aussteller anschreiben, 49 Interessenten melden, am 6. Sept.
```

Sicherheit durch Geläufigkeitssätze

```
37  Die Kaufverträge wurden wieder am 3. September d. J. erfüllt.
38  Alle 8 Aufgaben der 3. Themenreihe sind schriftlich zu lösen.

39  In den 9 Ausstellungshallen wollen 350 Aussteller ausstellen.
40  Alle fuhren die 354 km von Köln nach Baden-Baden mit dem Zug.

41  Das Buch hat 35,00 € gekostet. Der Stift kostet nur 0,80 €.
42  Das Heft soll 0,50 € kosten. Der Malkasten kostete 18,90 €.
```

Lernzielkontrolle durch Fließtext

```
43  Gymnastik verjüngt. Machen Sie jeden Tag 30 Minuten Gymnastik,
44  das stärkt die Muskeln und Sie sind frisch für den ganzen
45  langen Tag. Mit 30 fühlen Sie sich dann zehn Jahre jünger.
46  Wenn Sie frisch und erholt aussehen wollen, dann vergessen
47  Sie nie 3 - 30 Kniebeugen vor geöffnetem Fenster zu machen.
48  Oder machen Sie 33 Spreizschritte oder Rumpfbeugen - halten
49  Sie sich zu diesem Zweck an einem Stuhl oder an einem kleinen
50  Schrank fest. Sie werden sich dann wieder topfit fühlen.
```

Lektion 22:

Ziffern 1 und 2, Zeichen ! und "

Tipp: Sehen Sie nur auf Ihre Schreibvorlage und nicht auf Ihre Finger.

Bitte benutzen Sie als Einschreibübung die Griffübungen der vorherigen Seite. Erst wenn diese fehlerlos geschrieben wurden, beginnen Sie mit den nächsten Zeilen.

Erarbeitung der Ziffern 1 und 2,
Ausrufezeichen und Anführungszeichen
Schreiben Sie jede Zeile bis zur vollständigen Sicherheit!

1 fdsaq1qa fdsaq2qa fdsaq1qa fdsaq2qa fdsaq1qa fdsaq2qa aq1q2qa
2 aq1qasdf aq2qasdf aq1qasdf aq2qasdf aq1qasdf aq2qasdf aq2q1qa

3 aq2qsw3aq1ga aq2qsde4edaq1qa aq1asw3sde4dfr5f aq2as3sd4df5f6f
4 a1a2s3d4f5f6 öß10k9j8j7 a1a2s3d4f5f6 öß10k9j8j7 a1a2s3d4f5f6ö

5 aq1!a aq2"a aq!a aq"a a!a"a aq1!a aq2"a aq!a aq"a a!a"a a!"qa
6 a!1qa a"2qa a!qa a"qa a"a!a a!1qa a"2qa a!qa a"qa a"a!a aq"!a

Festigung durch Verbindung der Ziffern mit Wörtern

7 11 Monate, 10 Muster, 20 Bücher, 12 Paare, 121 Kinder, 11 km,
8 22 Monate, 21 Muster, 29 Tücher, 21 Jahre, 221 Rinder, 21 km,

9 Menü für 12,10 €! Wechseln Sie 20,00 EUR! Ab der 2. Auflage.
10 Menü für 15,20 €! Wechseln Sie 50,00 EUR! Ab der 1. Auflage.

Merkregel: Anführungszeichen „ werden ohne Leerzeichen vor und nach den Textteilen, die von ihnen eingeschlossen sind, geschrieben.

11 Gute Zeitschriften: „Der Techniker", „Assistenz", „Die Welt",
12 Es gibt das „Fremdwörterbuch" und den „Duden" für Schüler.

13 2 Winkelsekunden = 2", 2 Zoll = 2", Regel: Das Anführungs-
14 zeichen steht unmittelbar hinter dem Zahlenwert. Dies gilt
15 für alle hochgestellten Zeichen.

Festigung durch Satzübungen
(Jeden Satz 3-mal schreiben.)

16 Sagen Sie: „Können die Gäste auf Ihrem Schiff auch tanzen?"
17 Unser Kunde schreibt: „Der neue Wagen gefällt mir sehr gut."
18 Er las die Zeitschrift „Der Techniker" schon seit 12 Jahren.

Merkregel: Das Unterführungszeichen „ wird unter den ersten Buchstaben jedes zu unterführenden Wortes geschrieben.

Tipp: Arbeiten Sie in den nächsten Zeilen mit Tabulator **(= Tab-Taste = ⇥).**

Unterführungszeichen „ statt Wortwiederholung

```
18 Karl möchte das Modell Nr. 12; Marga möchte Modell Nr. 21.
19 Mark "      "   "      "   10; Irma    "      "      "   22.
20 Inge "      "   "      "    2; Adele   "      "      "   23.

21 Auguste Kleidermann, 53424 Remagen-Kripp, Bahnhofstraße 121
22 August   "           38667 Bad Harzburg,   "                245
23 Manfred  "           61352  "   Homburg,   "                125

24 Wir liefern Nr. 18, Herrenanzüge aus Baumwolle zu 119,90 €
25 "   "       "   19,  "              "   "        "  123,22 €
26 "   "       "   28,  "              "   Leinen   "  156,20 €
27 "   "       "   90,  "              "   "        "  178,95 €
```

Lernkontrolle durch Fließtext

30 Aus dem Büroleben. Hat Herr Kühnel angerufen? Wo ist das 65
31 neue Telexverzeichnis? Kann Frau Adelheid Gerber den Termin 133
32 verschieben? Hier Albrecht! Frau Margot Mayers-Kleinschmidt 202
33 kommt schon wieder mal zu spät! Direktor Albert Schmitt ist 267
34 bestimmt noch in der Marketing-Sitzung! Würden Sie bitte das 333
35 Gespräch schnell auf meinen Apparat umstellen? Frau Mayer, 397
36 bestellen Sie mir bitte ein Taxi! Den Termin werde ich nie 461
37 vergessen! Ich muss nun schließen. Ich rufe bald schon zurück! 528
38 Haben Sie das Protokoll der letzten Sitzung zur Hand? Haben 596
39 Sie dies notiert? Wann haben Sie das Budget fertig? Kann man 664
40 das Konzept lesen? Wo haben Sie die Tresorschlüssel wieder 728
41 hingelegt? Frau Bialeck hätte gern ihre Überstunden vergütet! 795
42 Werden Sie den Text bis 10:00 Uhr fertig haben? Bitte lesen 862
43 Sie das Stenogramm noch einmal vor! Der Brief muss unbedingt 929
44 noch heute zur Post gebracht werden! Verschieben Sie bitte 993
45 Ihre Dienstreise bis 12. nächsten Monats. 1038

Merkregel: **„Blindschreiben" ist Voraussetzung** für das spätere Schnellschreiben.

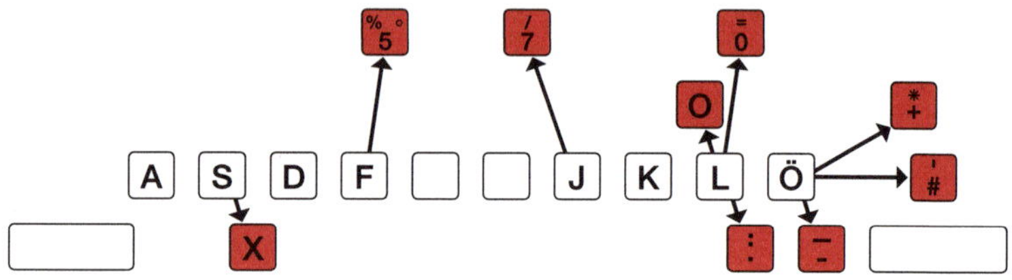

Lektion 23:
Sonderzeichen

Erarbeitung der Sonderzeichen

Da diese Sonderzeichen nicht auf allen Schreibmaschinen vorhanden sind bzw. als dritte Belegung einer Taste verwendet werden, verzichten wir auf Griffübungen. Suchen Sie sich die Lage der Zeichen auf Ihrer Maschine und entwerfen Sie selbst Übungen, damit Sie diese Tasten auch ohne Blickkontakt schreiben.

Zeichen für „geboren" * und für „gestorben" +

1	Hans Wolf	* 1930-05-15	+ 1999-12-11
2	Werner Klein	* 1945-05-05	+ 2000-10-21
3	Adelheid Groß	* 1952-10-01	+ 2001-12-01

Zeichen für „Nummer(n)", „Nr." #
(nur in Verbindung mit darauf folgenden Zahlen)

4 Der Artikel # 679 wurde noch immer nicht geliefert.
5 Die Artikel # 687, 689 und 690 sind wieder lieferbar.
6 Alle Artikelnummern wurden zu Beginn des Jahres geändert.

Additionszeichen +, Subtraktionszeichen -
und Gleichheitszeichen =

7	7 + 12 = 19	19 - 12 = 7	12 - 19 = -7
8	7 + 3 = 10	20 - 18 = 2	18 - 20 = -2

Merkregel: Die Zeichen + und - werden als Vorzeichen ohne folgendes Leerzeichen geschrieben.

Multiplikationszeichen . oder x und Divisionszeichen :

9	3 . 4 = 12	a . b = ab;	3 x 4 = 12;	50 : 5 = 10
10	4,5 m x 6,3 m = 28,35 m2		5 x 6 = 30;	18 : 3 = 6

Promillezeichen o/oo und Prozentzeichen %

11 2 o/oo Maklergebühr bezahlen; aber: 2 % Skonto abziehen.
12 2 1/2 o/oo Maklergebühr 2 1/2 % Skonto abziehen.

Merkregel: Das Promillezeichen wird mit dem Kleinbuchstaben o und dem Schrägstrich geschrieben.
Zeichen aus dem Sonderzeichenvorrat von Textsystemen können verwendet werden.

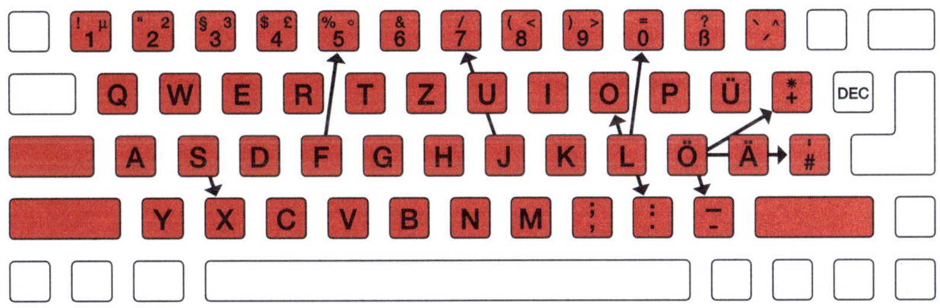

Tipp: Üben Sie die Ziffern und Klammerzeichen an dem nachfolgenden Muster zur

Gliederung und Kennzeichnung von Texten

Aus der Entwicklungsgeschichte der Schreibmaschine

1 Überblick (einschließlich Vorgeschichte)

2 Die Entwicklung der Remington (ab 1867)

3 Andere Schreibmaschinen mit Unteraufschlag,
d. h. Typenhebel unter dem Schreibpapier
3.1 Remington (1874)
3.2 Caligraph (1880)
3.3 Yost (1887)
3.4 Smith Premier (1889)

4 Schreibmaschinen mit Oberaufschlag
4.1 Typenhebel vor der Schreibwalze
4.1.1 Bar-Lock (1888)
4.1.2 Salter (1892)
4.2 Typenhebel hinter der Schreibwalze
4.2.1 Brooks (1887)
4.2.2 Waverley (1889)
4.3 Typenhebel über der Schreibwalze
4.4 Typenhebel vor und hinter der Schreibwalze
4.4.1 Williams (1891)
4.5 Typenhebel links und rechts der Schreibwalze
4.5.1 Oliver (1896)

5 Typenstangen-Schreibmaschinen
5.1 Hammonia (1882)

6 Typenhebellose Schreibmaschinen

7 Schreibmaschinen mit Vorderaufschlag
7.1 Daugherty Visible (1890) USA

Merkregel: Alle Abschnittsnummern beginnen an derselben Fluchtlinie. Die Abschnittsüberschriften - auch mehrzeilige - beginnen an einer weiteren Fluchtlinie. Nach Abschnittsnummern folgen mindestens zwei Leerzeichen.

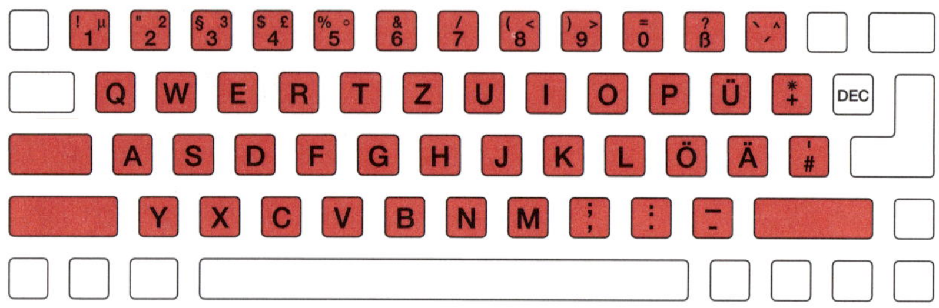

Lektion 24:
Abschreibübung (Fließtext)

Tipp: Schreiben Sie alles Mögliche ab, was Ihnen unter die Finger kommt. Üben Sie jeden Tag 10 bis 20 Minuten.

Sicherheit durch Abschrift längerer Fließtexte

Stellen Sie den rechten Randsteller bei einer elektronischen Schreibmaschine auf Grad 73 und schreiben Sie den Text fortlaufend ohne Zeilen- und Absatzschaltung.

Auf die Form kommt es an! Als Visitenkarte des Absenders kann 66
man die äußere Form des Briefes bezeichnen. Der erste Eindruck 133
ist sehr wichtig. Es kommt auf die Beschaffenheit des Papiers 198
an, auf den Briefumschlag und die Faltung des Briefes. Auch die 266
Schrift und das Schriftbild geben dem Brief das entscheidende 331

Äußere. Deshalb seien Sie großzügig mit der Platzaufteilung. 396
Lassen Sie auf dem Bogen von Grad 0 bis 10 einen „Abheftrand". 467
Auf der rechten Seite sollte der Rand bei Grad 70, plus minus 533
fünf, enden. Ein Briefbogen sollte nur einseitig beschrieben 596
werden. Das schönste Briefpapier wird verdorben und die beste 660

Handschrift verunstaltet, wenn man den Durchdruck der Schrift 725
auf der anderen Seite erkennt, also von der Vorder- auf die 787
Rückseite durchschreibt und diese auch noch beschreibt. Es 848
könnte auch der Eindruck entstehen, der Schreiber sei geizig. 912
Als besonders wichtig gilt die Einteilung des Briefbogens. Die 979

Übersichtlichkeit ist entscheidend für den guten Stil. Auf die 1045
verschiedenen Punkte wie Briefkopf, Innenanschrift, Datum, 1108
Betreff, Anrede, Brieftext und Schlussformel kommt es an. Dieses 1178
alles sollte man zu einem guten Gesamteindruck anordnen. Wie 1241
das gemacht wird, sehen Sie auf den nächsten Seiten. Nicht 1303

nur bei längeren Briefen sind Absätze wichtig. Jeder neue Gedanke 1373
beginnt mit einem neuen Absatz. Dadurch wird ein Brief erst 1436
übersichtlich und für den Leser einprägsam. Auch findet der 1498
Leser leicht zu den für ihn interessanten Stellen zurück und 1561
das Lesen macht Spaß! Die Wahl des Briefpapiers ist natürlich 1629

Geschmackssache und über Geschmack sollte man bekanntlich nicht 1695
streiten. Auf jeden Fall müssen aber das Briefpapier und der 1759
Umschlag immer zusammenpassen. Die „Schrift" ist ein „Kapitel 1828
für sich". 1840

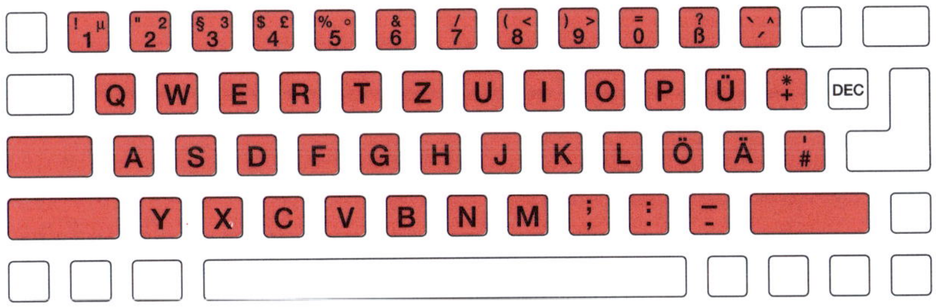

Auf die Schrift kommt es an

Nicht jeder hat eine Handschrift, die der Empfänger auch 60
mühelos lesen kann. Hat man diese nicht, dann schreibt man 120
besser in Druckbuchstaben oder gibt sich Mühe, damit der 179
Leser das Geschriebene auch entziffern kann. Wer eine gute 241
Schreibmaschine besitzt, erledigt - da ein gutes Aussehen 301

der Briefe mit der Maschine immer gegeben ist - damit seine 363
geschäftliche Korrespondenz. Aber heutzutage kann man auch 424
Privatbriefe mit der Maschine schreiben. Wenn man den Brief 488
handschriftlich unterzeichnet, ist der Persönlichkeit Genüge 551
getan. Falten Sie einen Brief immer so, dass die beschriebenen 617

Seiten nach innen liegen. Die Ränder des zusammengefalteten 680
Briefes werden so in die Hülle gesteckt, dass sie nach oben 742
liegen; so wird der Empfänger, wenn er für das Öffnen einen 805
Brieföffner benutzt, die Bogen nicht zerschneiden. Auch die 868
Briefhülle gehört zum Brief. Sie sollte das korrekte Äußere 931

für den gelungenen Inhalt sein. Die Empfängeranschrift und 992
der Absender sollten gut lesbar mit der fünfstelligen 1048
Postleitzahl usw. (nach den neuesten DIN-Vorschriften, wie 1113
wir sie auf den nächsten Seiten beschreiben) versehen sein. 1174
Bitte nicht vergessen: Das Porto sollte ebenfalls stimmen. 1238

Falls Sie denken, der Brief könne zu schwer werden, wiegen 1300
Sie ihn lieber noch einmal nach. Schreiben Sie Briefe immer 1364
nach DIN 5008 (Schreib- und Gestaltungsregeln für die 1425
Textverarbeitung); das ist rationell und erleichtert das 1486
Schreiben. Die Regeln werden Sie auf den nächsten Seiten 1549
kennen lernen 1565

Formgestaltung nach DIN 5008 Neu

Einleitung zum zweiten Teil

Das erste Ziel haben Sie erreicht: Sie haben alle Tasten sicher im Griff. Jetzt wird es etwas schwieriger, denn nun schreiben wir Anschriften, Briefe, Aufstellungen usw. Grundlagen der Formgestaltung sind dabei die „Schreib- und Gestaltungsregeln für die Textverarbeitung“ nach DIN 5008 Neu. Diese Regeln sind aus bewährten Erfahrungen der Praxis und Erkenntnissen der Rationalisierung entstanden. Dabei legt diese Norm nicht fest, „was“ zu schreiben ist, sondern „wie“ ein vorgegebener Sachverhalt dargestellt werden soll. Für die Rechtschreibung und Zeichensetzung wird die neueste Ausgabe des Dudens (Rechtschreibung) zugrunde gelegt.
Von Schulen, Industrie- und Handelskammer und dem Deutschen Stenografenbund werden in den Fächern Kurzschrift, Maschinenschreiben und Textverarbeitung bei der Bewertung der Leistungen und bei der Notengebung unterschiedliche Kriterien angesetzt, über die Sie sich in den Tabellen rechts informieren können.

Zehn-Minuten-Abschreibproben auf der Schreibmaschine (ohne Speicher bzw. Korrekturmöglichkeit)

Die Druck- oder Maschinenschriftvorlage muss ein zeilengleiches Abschreiben ermöglichen. Die Schreibdauer beträgt zehn Minuten.
Alle Abweichungen von der Vorlage gelten als ganzer Fehler.
Gegenüber der Vorlage fehlende Anschläge sind abzuziehen, zusätzliche hinzuzuzählen. Fehler im letzten Wort der Abschreibprobe werden nicht gewertet. Die Anschlagszählung endet unmittelbar vor einem solchen Fehler.

Zehn-Minuten-Abschreibproben am PC

Bei der Texterfassung ist ein Fließtext im Zehn-Finger-Tastsystem ohne Zeilen- und Absatzschaltung von einer maschinenschriftlichen Vorlage abzuschreiben. Die Schreibdauer beträgt zehn Minuten. Während der Texterfassung ist die Sofortkorrektur zulässig. Die Texteingabe darf zum Zwecke der Textkorrektur nicht vorzeitig beendet werden. Nach Ablauf der zehn Minuten darf der Cursor im Text nicht mehr bewegt werden. Der Text muss nach Ablauf der Zeit von der Schülerin oder dem Schüler sofort gespeichert werden.
Grundlage für die Korrektur ist der Ausdruck, der unmittelbar nach Ablauf der zehn Minuten von den Schülern angefertigt wird. Alle Abweichungen von der Vorlage gelten als Fehler (außer Abweichungen im Zeilenumbruch). Der gespeicherte Text (Datei) dient nur dann als Korrekturgrundlage, wenn aus technischen Gründen ein Ausdruck nicht möglich ist.

Bewertung für Abschreibproben auf der Schreibmaschine in Schulen

Die Summe der Fehler wird in Beziehung zur Summe der Anschläge gesetzt. Die Note ergibt sich nach folgender Bewertungsgrundlage:

sehr gut	0,000 – 0,125 % Fehler
gut	0,126 – 0,250 % Fehler
befriedigend	0,251 – 0,375 % Fehler
ausreichend	0,376 – 0,500 % Fehler
mangelhaft	0,501 – 1,000 % Fehler
ungenügend	mehr als 1,000 % Fehler

Bewertung für Abschreibproben auf der Schreibmaschine bei der IHK und für Abschreibproben am PC in Schulen in Rheinland-Pfalz

Die Summe der Fehler wird in Beziehung zur Summe der Anschläge gesetzt. Die Note ergibt sich nach folgender Bewertungsgrundlage:

sehr gut	0,000 – 0,080 % Fehler
gut	0,081 – 0,190 % Fehler
befriedigend	0,191 – 0,330 % Fehler
ausreichend	0,331 – 0,500 % Fehler
nur in Schulen	
mangelhaft	0,501 – 0,700 % Fehler
ungenügend	mehr als 0,700 % Fehler

Millimeter- und Gradangaben für Zeilenanfang und Zeilenende von Schriftstücken							
Bezeichnung	Zeilenanfang für alle Schriftarten **in Millimeter** von der linken Blattkante	Maximales Zeilenende *) für alle Schriftarten **in Millimeter**		Zeilenanfang **auf Grad**		Maximales Zeilenende*) **auf Grad**	
		von der linken Blattkante	von der rechten Blattkante	Pica 10er	Elite 12er	Pica 10er	Elite 12er
Empfängeranschrift	24,1	100,3	109,7	10	12	39	47
Absenderangabe	24,1	100,3	109,7	10	12	39	47
Kommunikationszeile bzw. Informationsblock	125,7	201,9	8,1	50	60	79	94
Bezugszeichenzeile**):							
Erstes Leitwort	24,1			10	12		
Zweites Leitwort	74,9			30	36		
Drittes Leitwort	125,7			50	60		
Viertes Leitwort	176,5	201,9	8,1	70	84	79	94
Text	24,1	201,9	8,1	10	12	79	94
Gruß und/oder Firmenbezeichnung	24,1			10	12		
Anlagen- und Verteilvermerke	24,1 oder 125,7	201,9	8,1	10 oder 50	12 oder 60	79	94
Einrückung	49,5	201,9	8,1	20	24	79	94

*) Im Textbereich soll das Zeilenende wenigstens bei 163,8 mm von der linken Blattkante bzw. auf Grad 64 (bei 12er Teilung auf Grad 78) liegen.

**) Informativ, abgeleitet aus DIN 676. Die maximalen Zeilenenden für die ersten drei Leitwörter werden durch den Anfang des jeweils folgenden Leitworts bestimmt.

Wir schreiben Anschriften

Empfängeranschriften werden im Anschriftenfeld aller Schriftstücke und auf Briefhüllen in gleicher Anordnung geschrieben. Das ist in den „Schreib- und Gestaltungsregeln für die Textverarbeitung" DIN 5008 Neu festgelegt. Satzzeichen am Ende einer Anschriftzeile entfallen; lediglich innerhalb einer Zeile werden sie geschrieben. Ortsnamen werden heute weder unterstrichen noch gesperrt oder fett gedruckt. - In das Anschriftenfeld können auch Ordnungsbezeichnungen des Absenders aufgenommen werden.

Die Angaben im 9-zeiligen Anschriftenfeld werden wie folgt gegliedert (Punkt bedeutet Leerzeile):

1 Sendungsart, Briefzusatzleistung, Vorausverfügung
2 .
Empfängerbezeichnung:
3 Anrede oder Branchenangaben
4 Vor- und Zuname oder Firmennamen
5 Straße und Hausnummer (bei privaten Briefen) oder Postfach mit Postfachnummer, die in 2er-Stellen von rechts nach links gegliedert wird
6 .
7 Postleitzahl und Bestimmungsort
8 .
9 Bestimmungsland (bei Auslandsanschriften)

Bei **Inlandsanschriften** gilt es zu beachten:
- **Empfängerbezeichnungen** sollen sinngemäß in Zeilen aufgeteilt werden. Dabei stehen Berufs- oder Amtsbezeichnungen in der Regel neben „Herrn" bzw. „Frau".
- **Akademische Grade** (z. B. Dr., Dipl.-Ing., Dipl.-Hdl.) stehen vor dem Namen.
- Bei **Untermietern** wird der Name des Wohnungsinhabers unter den Namen des Empfängers geschrieben.
- In **Firmenanschriften** wird das Wort „Firma" weggelassen, wenn es aus der Empfängerbezeichnung ersichtlich ist, dass es sich nicht um eine natürliche Person handelt.
- Bei **Großempfängeranschriften** sollen weder Postfach noch Straße und Hausnummer angegeben werden.
- **Ortsteilnamen** dürfen in einer besonderen Zeile oberhalb der Zustell- oder Abholangabe ohne Postleitzahl vermerkt werden, nicht aber als Zusatz zum Bestimmungsort.
- Bei der **Zustellangabe** können zusätzlich der Gebäudeteil, das Stockwerk oder die Wohnungsnummer, abgetrennt durch **zwei** Schrägstriche, angegeben werden

Hinweise zu den **Auslandsanschriften:**
- Sie müssen in lateinischer Schrift und in arabischen Ziffern gefasst sein; sie sind ohne Leerzeilen zu schreiben.
- **Bestimmungsort** und **Bestimmungsland** sind in **Großbuchstaben** zu schreiben. Die übrige Anordnung der Anschrift und ihre Schreibweise sind nach Möglichkeit der Absenderangabe des Partners zu entnehmen.
- Der Bestimmungsort ist möglichst in der Sprache des Bestimmungslandes anzugeben; die Angabe des Bestimmungslandes steht in deutscher Sprache in der letzten Zeile der Anschrift.

Musteranschriften

Die Nummern 1 bis 9 vor dem Zeilenanfang zeigen die Stellung der Anschrift im neunzeiligen Anschriftenfeld an.

1 2 3 Frau 4 Erika Ackermann 5 Bahnhofstraße 25 6 7 95444 Bayreuth 8 9	1 Einwurf-Einschreiben 2 3 Frau 4 Hildegard Kraft 5 Bonner Straße 7 6 7 50677 Köln 8 9
1 Nicht nachsenden 2 3 Herrn Direktor 4 August Müller 5 Rosenstraße 7 // W 25 6 7 65936 Frankfurt 8 9	1 Übergabe-Einschreiben 2 3 Herrn Professor 4 Dr. med. Walter Kunze 5 bei Karlheinz Groß 6 Beethovenstraße 22 // III 7 8 53115 Bonn 9
1 Post Express 2 3 Lackfabrik 4 Margareta Wagner 5 Postfach 10 20 02 6 7 13511 Berlin 8 9	1 2 3 Kaufhaus 4 Fritz Schlemmer 5 Frau Klara Loose 6 Eichendorffstr. 3 7 8 54293 Trier 9
1 2 3 Herrn Direktor 4 Dipl.-Ing. Dirk Kranz 5 i. H. Reck & Co. 6 Pappelweg 40 7 8 56075 Koblenz 9	1 Mit Luftpost - BY AIR MAIL 2 3 Mr. Donald Raubrey 4 68, Pine Street 5 WASHINGTON D. C. 20007 6 USA 7 8 9
1 2 3 Eheleute 4 Ilse und Ernst Müller 5 Privatweg 15 6 1015 WIEN 7 8 ÖSTERREICH 9	1 2 3 Frau Margarete Weber 4 Herrn Max Kleiner 5 Wilhelm-Busch-Str. 38 6 8510 STAINZ 7 8 ÖSTERREICH 9

Briefblätter ohne Aufdruck

Briefblätter ohne Aufdruck werden so ausgerichtet, dass die linke Blattkante mit Grad 0 übereinstimmt. Der linke Randsteller steht auf Grad 10 und der rechte Randsteller steht auf Grad 79. Im Textbereich liegt das Zeilenende wenigstens bei Grad 64. Folgende Regeln sind zu beachten:

1. Den Vor- und Zunamen des Absenders beginnen wir an der Fluchtlinie der **5. Zeile.**

2. In der gleichen Zeile beginnt **auf Grad 60** die Tagesangabe = Tagesdatum (ohne Ortsangabe) und steht damit am rechten Rand.

3. Es folgen auf Grad 10 (Picaschrift) der nächsten Zeile Straße und Hausnummer des Absenders.

4. In die folgende Zeile schreiben wir die Postleitzahl und den Wohnort des Absenders.

5. Gibt der Absender seine Telefonnummer an, so folgt diese in der nächsten Zeile und dabei werden die Ortsnetzkennzahl und die Rufnummer durch ein Leerzeichen voneinander getrennt. Die Rufnummer kann durch Fettdruck hervorgehoben werden.

6. In der **13. Zeile** des Briefblattes beginnt die erste Zeile des Anschriftenfeldes mit dem Postbeförderungsvermerk.

7. Eine Anschrift ohne Postbeförderungsvermerk beginnt in der **15. Zeile** des Briefblattes.

8. Die Betreffangabe beginnt in der **24. Zeile.** Nach dem Betrefftext folgen immer **zwei Leerzeilen** bis zur Anrede.

9. Nach der Anrede folgt immer **eine Leerzeile.**

10. Eine Einrückung im Brief beginnt auf **Grad 20** bzw. 10 Zeichen vom linken Rand.

11. Vor und nach einer Einrückung ist stets ein **Absatz** zu machen, d. h. eine Leerzeile vorher und nach dem Ende der Einrückung.

12. Der Gruß wird vom Text durch **eine Leerzeile** getrennt.

13. Anlage- und Verteilvermerke beginnen an der **Fluchtlinie** oder auf **Grad 50.** Als empfohlener Mindestabstand vom Gruß gelten 3 Leerzeilen oder, falls auf Grad 50 geschrieben wird, gilt 1 Leerzeile vom Text.

Aufgabe zur Gestaltung eines Briefes A4 ohne Aufdruck

Absenderangaben:

persönlicher Vor- und Zuname
Tagesdatum
Straße
PLZ und Ort

Empfängeranschrift:

Boutique Rosemarie
Frau Bödefeld
Marktplatz 32
56068 Koblenz

Betreff:

Meine Bestellung vom 20..-02-25

Anrede:

Sehr geehrte Frau Bödefeld,

Text:

ich bestellte den in Ihrem Prospekt vom Januar d. J. ausführlich beschriebenen Hosenanzug Nr. 1123 in Blau-Rot kariert, Größe 36, und zwei dazu passende Pullover in Blau und Weinrot. Leider muss ich Ihnen sämtliche Modelle zurückschicken. **Absatz** Der Hosenanzug fiel entschieden zu groß aus. Wahrscheinlich liegt das an der neuen Mode. Falls Sie ihn noch in Größe 34 haben, tauschen Sie mir bitte den beiliegenden um. Ist dies nicht möglich, so bitte ich Sie um Erstattung des Geldes. **Absatz** Die Pullover passen beide nicht zur Farbe des Hosenanzugs, sodass ich Sie auch in diesem Fall um einen Umtausch bitte. Als Ersatz möchte ich den Pullover Nr. 345 in Weiß und den Pullover Nr. 412 in Schwarz bestellen; beide in der Größe 38. **Absatz** Ich würde mich freuen, wenn meine Bestellung bald eintrifft, denn durch die Rücksendung brauche ich die Kleidung nun dringend, da ich in zehn Tagen meine Koffer für den Urlaub packe. **Absatz** Mit freundlichen Grüßen **Absatz** Anlagen

Lösung der Aufgabe

Angela Klein ..-03-15
Bahnhofstraße 10
56626 Andernach

Boutique Rosemarie
Frau Bödefeld
Marktplatz 32

56068 Koblenz

Meine Bestellung vom 20..-02-25

Sehr geehrte Frau Bödefeld,

ich bestellte den in Ihrem Prospekt vom Januar d. J. ausführlich beschriebenen Hosenanzug Nr. 1123 in Blau-Rot kariert, Größe 36, und zwei dazu passende Pullover in Blau und Weinrot. Leider muss ich Ihnen sämtliche Modelle zurückschicken.

Der Hosenanzug fiel entschieden zu groß aus. Wahrscheinlich liegt das an der neuen Mode. Falls Sie ihn noch in Größe 34 haben, tauschen Sie mir bitte den beiliegenden um. Ist dies nicht möglich, so bitte ich Sie um Erstattung des Geldes.

Die Pullover passen beide nicht zur Farbe des Hosenanzugs, sodass ich Sie auch in diesem Fall um einen Umtausch bitte. Als Ersatz möchte ich den Pullover Nr. 345 in Weiß und den Pullover Nr. 412 in Schwarz bestellen; beide in der Größe 38.

Ich würde mich freuen, wenn meine Bestellung bald eintrifft, denn durch die Rücksendung brauche ich die Kleidung nun dringend, da ich in zehn Tagen meine Koffer für den Urlaub packe.

Mit freundlichen Grüßen

Anlagen

Aufgabe: Schreiben Sie die nächsten Zeilen fehlerfrei ab und ergänzen Sie die jeweiligen Lücken in den Regeln.

Wir wiederholen die Regeln für den Privatbrief

Den Vor- und Zunamen des Absenders schreiben wir in die ... Zeile. Auf dieser Höhe beginnt auf Grad ... die Tagangabe. Es folgen auf Grad ... der nächsten Zeile Straße und Hausnummer. In die nächste ... schreiben wir Postleitzahl und Wohnort des Absenders.

In der ... Zeile des Briefblattes beginnen wir mit der Empfängeranschrift. Wenn wir keinen Postbeförderungsvermerk zu schreiben haben, beginnen wir in der ... Zeile.

Die Betreffangabe beginnt in der ... Zeile des Briefes. Nach dem Betrefftext bleiben ... Leerzeilen und nach der Anrede ist ebenfalls ... Leerzeile zu beachten.

Ratschläge für den Bewerbungsbrief

Es ist klar, dass wir unseren Bewerbungsbrief besonders sorgfältig schreiben. Deshalb wollen wir uns möglichst früh auf die Bewerbung vorbereiten. Der Bewerbungsbrief sollte als Privatbrief auf einem Briefblatt A4 normgerecht gestaltet sein.

Aufgabe: Schreiben Sie nach dem Textprogramm „Bewerbung" der nächsten Seiten einen Brief, der auf die nachstehende Anzeige bezogen ist. Sie könnten z. B. folgende Selektionsnummern benutzen: 01, 02, 03, 04, 05, 08, 12, 18, 20, 22, 25, 26, 28, 35, 36 und 38.

Zeitungsanzeige

Wir suchen zum 1. August 20..
Auszubildende für den Beruf

B Ü R O K A U F F R A U / B Ü R O K A U F M A N N
für Bürokommunikation

Wir erwarten
- hohe Leistungsbereitschaft
- Engagement für die sozialen Bedürfnisse unserer Versicherung
- den Willen sich weiterzubilden
- gepflegtes Aussehen
- gute Umgangsformen

Wenn Sie sich angesprochen fühlen, senden Sie Ihre Bewerbungsunterlagen (Lebenslauf, Zeugnisse usw.) bis 20..-12-31 an die AOK „Die Gesundheitskasse", Wilhelmstraße 36, 53474 Bad Neuenahr-Ahrweiler.

Textprogramm Bewerbung
(vgl. hierzu die Aufgabe auf Seite 63)

Selektionsnummer	**Volltext**	**Stichwort**
01	...	Vor- und Zuname des Absenders
02	...	Wohnort des Absenders
03	....	Tagesdatum
04	...	Straße und Hausnummer des Absenders
05	...	Postleitzahl und Wohnort des Absenders
06	Übergabe-Einschreiben	Übergabe-Einschreiben
07	Eilzustellung	Eilzustellung
08	AOK „Die Gesundheitskasse" Geschäftsführung Wilhelmstraße 36 53474 Bad Neuenahr-Ahrweiler	AOK Ahrweiler
09	Kreissparkasse Ahrweiler Hauptstelle Wilhelmstraße 1 53474 Bad Neuenahr-Ahrweiler	Kreissparkasse Ahrweiler
10	Kreisverwaltung Ahrweiler Personalabteilung Postfach 13 69 53474 Bad Neuenahr-Ahrweiler	Kreisverwaltung Ahrweiler
11	...	weitere Anschriften
12	Bewerbung um eine Ausbildungsstelle als ...	Bewerbung um Ausbildungsstelle als
13	Bewerbung um eine Stelle als ...	Bewerbung um Stelle
14	Ihre Anzeige im Generalanzeiger vom ...	Anzeige im Generalanzeiger
15	Ihre Anzeige in der Rhein-Ahr-Rundschau vom	Anzeige Rundschau
16	Sehr geehrter Herr ...,	Herr ...
17	Sehr geehrte Frau ...,	Frau ...
18	Sehr geehrte Damen und Herren,	Damen und Herren ...

Selek-tions-nummer	Volltext	Stichwort
19	Ich beziehe mich auf Ihre Anzeige und bewerbe mich bei Ihnen.	Anzeige
20	Sie suchen zum ... eine(n) Auszubildende(n) als ... Ich bewerbe mich bei Ihnen.	suchen zum ... Auszubildende(n) als ...
21	Bei Ihnen ist zum ... eine Stelle als ... zu besetzen. Ich bewerbe mich bei Ihnen.	zum ... Stelle als ...
22	Gern sende ich Ihnen folgende Bewerbungsunterlagen:	folgende Bewerbungsunterlagen
23	Meiner Bewerbung füge ich bei:	Bewerbungsunterlagen beifügen
24	1 handschriftlichen Lebenslauf	Lebenslauf (Handschr.)
25	1 Lebenslauf in Tabellenform	Lebenslauf (Tabelle)
26	1 Zeugniskopie	1 Zeugniskopie
27	... Zeugniskopien	... Zeugniskopien
28	1 Lichtbild	Lichtbild
29	...	andere Unterlagen
30	Mein Klassenleiter, Herr ..., ist bereit Auskunft über mich zu erteilen.	Auskunft Herr ... (Klassenleiter)
31	Meine Klassenlehrerin, Frau ..., ist gern bereit Ihnen Auskunft über mich zu erteilen.	Auskunft Frau ... (Klassenlehrerin)
32	Auskunft über mich erteilt Herr ...	Auskunft Herr ...
33	Auskunft über mich erteilt Frau ...	Auskunft Frau ...
34	Bitte prüfen Sie meine Unterlagen und teilen Sie mir einen Vorstellungstermin mit.	Termin für Vorstellung
36	Mit freundlichen Grüßen	Grüße
37	Freundlichen Gruß	Gruß
38	Mit freundlicher Empfehlung	Empfehlung
39	... Anlagen	... Anlagen

Verschiedene Aufgaben als Muster einer Bewerbung

Aufgabe: Schreiben Sie nachfolgende Bewerbungen in Form DIN 5008 Neu

Absender:	Modegrafikerin Antonia Kleidermann Speerstraße 7 54311 Trierweiler	Empfängerin:	Modehaus Karl Moses Postfach 12 30 54202 Trier

Ihre Anzeige „Modegrafikerin gesucht"
Sehr geehrte Damen und Herren, aus den beigefügten Bewerbungsunterlagen können Sie ersehen, dass ich die von Ihnen gewünschten Fähigkeiten mitbringe. Ich habe die Modeschule mit Erfolg besucht und konnte mir in dreijähriger Tätigkeit als Modegrafikerin bei der Firma Schöller in Trier-Ehrang gute Kenntnisse in allen einschlägigen Fachgebieten erwerben. Meine Fähigkeiten liegen in der selbstständigen Inserats- und Prospektgestaltung. Das figürliche Zeichnen und Entwerfen beherrsche ich ebenfalls recht gut. Arbeitsproben liegen zu Ihrer Information bei. Für eine baldige positive Entscheidung danke ich Ihnen im Voraus. Mit freundlichen Grüßen, Anlagen, ... Zeugniskopien, 1 Lebenslauf

---

Absender:	Werbeassistent Erich Heinemann Taunusstr. 5 65193 Wiesbaden	Empfänger:	Rheinischer Verlag Postfach 45 60 40036 Düsseldorf

Ihre Anzeige in der Frankfurter Allgemeinen Zeitung vom ...
Sehr geehrte Damen und Herren, ich bewerbe mich um die Stelle eines Werbeassistenten in Ihrem Verlag. Nach erfolgreichem Besuch der zweijährigen höheren Berufsfachschule Wirtschaft und drei Jahren Meisterschule für Grafik trat ich in die Redaktion einer Frankfurter Handelszeitung ein. Dort bin ich heute noch in ungekündigter Stellung tätig. Meine jetzige Stellung bietet mir jedoch keine ausreichenden Möglichkeiten zur Entfaltung meiner Fähigkeiten, deshalb möchte ich mich verändern. Einige Arbeitsproben, die ich in Bild und Text gestaltet habe, lege ich bei. Ich werde mich freuen, wenn Sie mir Gelegenheit zu einem Vorstellungsgespräch geben, bei dem wir auch über meine Gehaltsvorstellungen sprechen können. Mit freundlichem Gruß, ... Anlagen

---

Absender:	Sekretärin Anna Lorenz Gartenstraße 30 67063 Ludwigshafen	Empfänger:	Bürofachgeschäft Werner Battler Mühlenweg 15 67067 Ludwigshafen

Sehr geehrter Herr Battler, aufgrund Ihres Schaufensteraushangs „Sekretärin gesucht" sende ich Ihnen als Anlage meine Bewerbungsunterlagen. Ich bin geprüfte Sekretärin IHK und habe gute Warenkenntnisse in Schreibwaren und Büromaschinen. Zuletzt war ich Sekretärin bei der Firma Linden & Co. in Mannheim. Diese Stellung gab ich damals aus privaten Gründen (Heirat) auf. Alle weiteren Informationen entnehmen Sie bitte meinem Lebenslauf und den Zeugniskopien. Ich könnte sofort mit der Arbeit beginnen. Mit freundlichen Grüßen, ... Anlagen

---

Lebenslauf

Name:	Barbara Klein
geb.:	1975-04-10
Geburtsort:	Bad Harzburg
wohnhaft:	Bergerstraße 23 68024 Mannheim
.	
.	
.	
.	
1981 - 1985	Hauptschule in Bad Harzburg
.	
1985 - 1991	Realschule in Mannheim mit Abschluss
.	
1991 - 1994	Ausbildung als Hotelkauffrau im Droint Hotel, Bad Neuenahr-Ahrweiler
.	
1994 - 1997	Hotel „Der Adler" in Hinterzarten Rezeptionistin
.	
1997 - 1998	Hotel „Goldener Anker" in Kiel Hotelsekretärin
.	
1998 - 1999	Auslandsaufenthalt in England (Sprachstudium)
.	
1999 - 20..	Hotel „Deutscher Kaiser" in Köln Empfangssekretärin
.	
.	
.	
Anlage 1	Sekretärinnenkurs IHK
.	
Anlage 2	Stenografiekurse 1, 2 und 3 (bis 150 Silben)
.	
Anlage 3	Kurs in englischer Stenografie
.	
Anlage 4	Sprachkurs in England
.	
Anlage 5	Leistungsnachweis Maschinenschreiben (Urkunde Deutsche Meisterschaft 2001)

Merkregel: Eine übersichtliche Aufteilung des Lebenslaufes ist sehr wichtig. Die Punkte deuten - wie Sie wissen - Leerzeilen an. Sie sollen Ihnen als Hilfe für eine gute Gliederung dienen. - Haben Sie weniger Daten aufzuführen, dann wählen Sie besser den Zeilenabstand 1 1/2-zeilig. - Probieren geht über alles. Bei mehreren Bewerbern um die ausgeschriebene Stelle bietet der Lebenslauf bereits eine Möglichkeit zum Aussortieren.

Zwei Aufgaben zum Lebenslauf

1. Frau Gudrun Schules, geb. 1975-05-10 in Bonn-Bad Godesberg, wohnhaft in 28307 Bremen, Harzstraße 2, bewirbt sich als Verkaufsleiterin in einem Einrichtungshaus.

Schulen:	1985 - 1989	Hauptschule in Bonn-Bad Godesberg
	1989 - 1992	Ausbildung als Dekorateurin in Kaufhaus Hertie, Bonn-Bad Godesberg
	1992 - 1996	Dekorateurin im Modehaus Hilbert in Bonn-Bad Godesberg
	1996 - 1997	Dekorateurin im Einrichtungshaus Reuter in Köln-Ehrenfeld
	1997 - 1998	Hausfrau - während dieser Zeit Abendschule für Inneneinrichtung in Köln
	1999 - 20..	Inneneinrichterin im Möbelhaus Starke, Bremen

Sonstiges: Abendkurse in Pädagogik I - III
Rhetorikkurs „Reden leicht gemacht"
Selbststudium Psychologie und Menschenführung (mit Abschlussdiplom)
Führerschein Klasse III

---

2. Herr Thomas Hardt, geb. 1965-06-17 in Offenburg, wohnhaft in 50667 Köln, Am Hahnentor 12 a, bewirbt sich als Werksleiter bei einer großen Automobilfirma.

Schule:	1971 - 1979	Hauptschule in Offenburg
	1979 - 1982	Ausbildung als Automechaniker bei der Firma Bull in Offenburg
	1982 - 1988	als Geselle bei der Firma Vogt in Durbach bei Offenburg
	1988 - 1995	als Geselle und Autoverkäufer bei der Firma Peterson in Köln
	1995 - 2000	als KFZ-Meister und 1. Autoverkäufer bei der Firma Peterson (da KFZ-Meister gemacht)
	2000 - 2001	Filialleiter im Kölner Außenbezirk bei der Großfirma Carstens
	2001 - 2002	weiterhin für die Firma Carstens als Verkaufsleiter in Amerika
	2002 - 20..	für die Großfirma Carstens Verkaufsleiter in Mexiko

Sonstiges: Führerschein Klasse I, II, III und IV
Sprachkurse Englisch I - III
Sprachkurse Französisch I und II

Briefhüllen

Briefhüllen werden ebenso ausgerichtet wie alle anderen Schriftstücke, also linke Kante auf Grad 0.

Die Absenderangabe beginnt wie beim Brief ohne Aufdruck in der **5. Zeile auf Grad 5** und wird ohne Leerzeile gegliedert.

Die Anschrift sollte im rechten unteren Viertel der Briefhülle geschrieben werden. Dabei gilt für C6 die **13. Zeile** vom oberen Rand als 1. Zeile des Anschriftenfeldes. Sie beginnt bei der Briefhülle C6 auf Grad 30, bei C5 ist es von oben die 19. Zeile auf Grad 40 und bei C4 die 27. Zeile bei Grad 50.

Aufgaben für die Gestaltung von Anschriften

1. Herr Notar Andreas Weiler, Wilhelm-Busch-Straße 38, 60431 Frankfurt am Main
2. Mlle Marie-Louise Giraud, Rue de Lauriston, 59000 Lille, FRANKREICH
3. Fotohaus Wagner, Postfach 44 55, 12006 Berlin
4. Auskunftei Alwine Vikarius, Privatweg 1, 50677 Köln 2
5. Herrn Dietmar Schimmelpfennig, Alte Frankfurter Gasse 9, 48101 Münster
6. Herrn Dipl.-Ing. Gerd Matzdorf, Kaiser-Wilhelm-Straße 5, 56070 Koblenz
7. Chemische Fabrik Münz & Co., Friedrich-Ebert-Anlage 2, 48153 Münster
8. Familie Prof. Dr. Donald Keegan, Parzivalanlage 20, 22147 Hamburg
9. Persönlich, Herrn Direktor Edgar Ackermann, Große Bleiche 6, 58093 Hagen
10. Drucksache, Technische Hochschule, Abteilung Verwaltung, Rheinallee 11, 56075 Koblenz
11. Mit Luftpost, Modehaus Peter Feldmann, Am Markt 11, 45481 Mühlheim
12. Schreiben Sie Ihre eigene Anschrift.
13. Schreiben Sie die Anschrift Ihrer Firma, Schule usw.

Tipp: Nehmen Sie das Beschriften der Briefhülle sehr genau. Der erste Eindruck, den der Empfänger so erhält, kann entscheidend sein.

Die Tabelle

Mit der Tabuliereinrichtung wird das Schreiben von Tabellen beschleunigt. Das Auflösen der Tabuliertaste hat zur Folge, dass die gewünschte Schreibstelle unmittelbar erreicht wird.

Der Zeilenabstand kann ein- oder mehrzeilig sein. Zeilenanfang und Zeilenende sind nicht vorgeschrieben. Entscheidend ist, dass eine Tabelle eindeutig und sehr übersichtlich ist.

Bevor man mit dem Schreiben der Tabelle beginnt, müssen die früheren Stopps gelöscht werden. Dann wird die Gradzahl für den Zeilenanfang jeder einzelnen Spalte genau ausgerechnet.

a) Zeilenlänge - Grad 10 bis Grad 69 - ergibt 59 Anschläge.
b) Davon werden die längsten Wörter jeder Spalte abgezogen.
c) Alle restlichen Anschläge werden gleichmäßig aufgeteilt.

Aufgabe: Schreiben Sie aus den folgenden Angaben eine Tabelle zwischen Grad 20 und 56.

Überschrift: Bestellung für Eintrittskarten
Kopfspalten: Klasse, Schauspiel, Oper, Jugendkonzert

Klasse HBFW a Schauspiel 4, Oper 10, Jugendkonzert 8; HBFW b Schauspiel 12, Oper 5, Jugendkonzert -; BFW a Schauspiel 15, Oper 6, Jugendkonzert 2; BFW b Schauspiel 13, Oper 11, Jugendkonzert 7; BFW c Schauspiel 3, Oper 9, Jugendkonzert 14; BK Schauspiel 1, Oper 8, Jugendkonzert 16; IK Schauspiel -, Oper 17, Jugendkonzert 12; GK a Schauspiel 6, Oper 7, Jugendkonzert 2; Hoga Schauspiel 15, Oper -, Jugendkonzert 8; FS a Schauspiel 3, Oper 1, Jugendkonzert 22; SO 1 Schauspiel -, Oper 5, Jugendkonzert 11; insgesamt Schauspiel 72, Oper 79, Jugendkonzert 102.

Muster einer beschrifteten Briefhülle C6

Grad 5
.
.
.
.
August Jedermann
Postfach 13 31
53403 Remagen
.
.
.
.
Mitte der Briefhülle

Grad 30

Express
.
Rhein-Zeitung
Redaktion
Marktplatz 82
.
53424 Remagen

.
.
.
.
.
.

Praktische Hinweise

Beim Beschriften der Briefhüllen kann mit dem Papiereinzieher die Arbeit erleichtert werden. Es lohnt sich auch, den Randsteller zu verstellen, wenn viele Briefhüllen gleichen Formats zu beschriften sind. Dabei sind folgende Richtzahlen zu beachten:

Briefhüllenformat	Beginn der Empfängeranschrift		Beginn der Absenderanschrift	
DIN	1. Zeile	Fluchtlinie der Anschrift	1. Zeile	Fluchtlinie der Anschrift
C6 (114 x 162 mm)	Zeile 13 von oben	Grad 30 bis Grad 55	Zeile 5 von oben	Grad 5 bis Grad 20
DL (110 x 220 mm)	Zeile 13 von oben	Grad 40 bis Grad 75	Zeile 5 von oben	Grad 5 bis Grad 30
C5 (162 x 229 mm)	Zeile 20 von oben	Grad 40 bis Grad 75	Zeile 5 von oben	Grad 5 bis Grad 30
C4 (229 x 324 mm)	Zeile 27 von oben	Grad 50 bis Grad 80	Zeile 5 von oben	Grad 10 bis Grad 40

Tipp: Lesen Sie sich diese Regeln genau durch. Die normgerechte Gestaltung von Briefen ist für jede Prüfung wichtig.

Beachten Sie den rechten Rand, wenn Sie keine Zwölferschriftteilung auf Ihrer Schreibmaschine haben.

Regeln für den Geschäftsbrief A4 nach DIN 5008 Neu
(Text abschreiben und sich den Inhalt einprägen!)

Randsteller

Der Geschäftsbrief wird so in die Schreibmaschine eingespannt, dass bei Grad 10 der erste Buchstabe des ersten Leitwortes der Bezugszeichenzeile beginnt. Der rechte Rand endet bei Grad 79.

Bezugszeichenzeile

Unter dem Anschriftenfeld befindet sich beim Normbrief die Bezugszeichenzeile. Wenn sie ausgefüllt wird, kann der Brief schneller bearbeitet werden. Sie enthält die Leitwörter (von links beginnend): Ihr Zeichen, Ihre Nachricht vom für Kurzzeichen von Chef und Sekretärin, sofern ein vorliegender Brief beantwortet wird und dort die Diktatzeichen des Chefs und der Sekretärin zu entnehmen sind. Unser Zeichen, unsere Nachricht vom, unter das wir das Zeichen des Diktanten des eigenen Briefes und unser Zeichen einsetzen sollten. Danach folgt die Angabe zur Telefondurchwahl (natürlich normgerecht). Nach der Telefondurchwahlnummer folgt ein Komma, sofern der Name der Bearbeiterin oder des Bearbeiters angegeben wird. Zum Schluss wird unter das vorgedruckte Stichwort Datum das Ausfertigungsdatum des Briefes (Tagesdatum) gesetzt. Das erste Schriftzeichen steht immer unter dem Anfangsbuchstaben des ersten Leitwortes. Nicht benutzte Leitwörter werden unbeachtet gelassen, also nicht entwertet.
Die Bezugszeichenzeile kann auch durch einen Informationsblock rechts neben der Empfängeranschrift ersetzt werden. Dann können auch weitere Kommunikationsangaben, z. B. E-Mail, Mobil: Telefax: angegeben werden. Der Informationsblock kann auch für das Briefblatt A4 ohne Aufdruck verwendet werden, also auch beim Privatbrief.

Betreff

Nach zwei Leerzeilen unter den Bezugszeichen schreibt man den Wortlaut des Betreffs. Dies ist eine kurze Inhaltsangabe des ganzen Briefes in Stichworten. Er beginnt auf Grad 10, also an der Fluchtlinie, und endet ohne Punkt; genau so, wie wir dies bereits beim Privatbrief lernten. Der Wortlaut des Betreffs (z. B. Angebot, Mahnung usw.) soll den Empfänger über den Inhalt des Briefes unterrichten. Bei einem längeren Betrefftext wird der Wortlaut sinngemäß auf mehrere Zeilen verteilt. Der Betreff kann fett gedruckt werden.

Der Teilbetreff steht am Anfang eines Absatzes und bezieht sich auf einen Briefteil. Er beginnt gleichfalls auf Grad 10, wird hervorgehoben und endet mit einem Punkt. Der Text wird in der gleichen Zeile angefügt.

Text

Der Geschäftsbrief wird in der Regel immer einzeilig geschrieben. Nur längere Behördenbriefe schreibt man 1 1/2-zeilig.

Gruß

Der Gruß beginnt (wie der gesamte Brief) an der Fluchtlinie, also auf Grad 10. Er wird ohne Satzzeichen geschrieben und sollte nie über Grad 45 hinausgehen.

Zwischen Text und Gruß steht eine Leerzeile. Der Gruß am Schluss des Briefes sollte dem Inhalt des Schreibens angepasst sein. Schreibt man z. B. einen Beschwerdebrief, dann kann sich der Empfänger durch ein „Hochachtungsvoll" sozusagen auf den Arm genommen fühlen. In diesem Fall ist ein „Mit freundlichen Grüßen" passender.

Auf die Grußformel verzichten sollte man nie, auch wenn der Verfasser nicht in der Stimmung ist und die Art des Inhaltes ihn nicht zu einem Gruß veranlasst. Eine freundliche Schlussformulierung gibt dem Brief sozusagen den letzten Schliff.

Briefschluss

Nach dem Gruß halten wir wieder eine Leerzeile ein. Dann folgt die Bezeichnung der Firma, des Amtes oder Ähnliches. Diese wird auf eine oder mehrere Zeilen verteilt. Ob die Bezeichnung der Firma bzw. der Behörde eventuell weggelassen werden kann, muss in jedem Falle innerbetrieblich geregelt werden.

Bis zur maschinenschriftlichen Namenswiedergabe der Unterzeichner lassen wir, je nachdem wie groß die Unterschrift ist, mindestens drei Leerzeilen. Die Namenswiedergabe wird nicht in Klammern gesetzt. Zusätze wie ppa., i. A. oder i. V. dürfen auch vor der Namenswiedergabe der Unterzeichner in derselben Zeile stehen.

Anlagen

Dies sind Unterlagen, die einem Brief beigefügt werden. Das Wort „Anlage" bzw. „Anlagen" steht bei einer Leerzeile nach der maschinenschriftlichen Angabe der Unterzeichner und wird nicht unterstrichen, kann aber fett gedruckt werden.

Es ist auch möglich, den Anlagenvermerk auf Grad 50 zu schreiben, und zwar in Höhe der Grußformel.

Verteilvermerke

Verteilvermerke folgen dem Anlagenvermerk nach einer Leerzeile. Der Verteilvermerk steht entweder an der Fluchtlinie oder auf Grad 50, je nachdem wo der Anlagenvermerk geschrieben wurde. Bei Platzmangel kann der Verteilvermerk (Angabe, wer Durchschriften des Briefes erhält) entfallen.

Frau
Magdalena Jacobs
Neumannstraße 28

13189 Berlin

Ihr Zeichen, Ihre Nachricht vom	Unser Zeichen, unsere Nachricht vom	Telefon, Name	Datum
	mk-it	224	..-02-15

Einladung zum Fototermin

Sehr geehrte Frau Jacobs,

nochmals unseren herzlichen Glückwunsch! Wie ich Ihnen bereits am Telefon mitteilte, haben Sie beim großen Astor-Schönheitswettbewerb gewonnen.

Zur offiziellen Preisverteilung laden wir Sie für Freitag, den 27. März 20.. nach München ein. Hier wartet noch eine besondere Überraschung auf Sie. Fahrtkosten und Spesen gehen selbstverständlich zu unseren Lasten.

Und so wird unser vorgesehenes Programm ablaufen:

Am Freitag, dem 27. März 20.., um 10:00 Uhr

hole ich Sie vom Münchener Flughafen ab. Von dort geht es zum Fotostudio Flück, Bundesallee 19. Nach der Gratulation durch den Generalvertreter der Firma Astor findet ein gemeinsames Mittagessen mit den anderen Gewinnerinnen im Zentralhotel statt.

Am Nachmittag wird der Fotograf Aufnahmen von Ihnen und den anderen Gewinnerinnen des „Schönheitswettbewerbs" machen. Als Honorar für die Aufnahmen überreichen wir Ihnen dann einen Scheck über 1.000 €.

Wir freuen uns auf Ihren Besuch in München und wünschen Ihnen eine angenehme Anreise. Selbstverständlich stehen wir Ihnen für Rückfragen jederzeit zur Verfügung.

Mit freundlichen Grüßen

Astor-COLLECTION
Presseabteilung

Linda Kleinschmidt

Geschäftsräume Telex Telegramm-Kurzanschrift Konten

Herrn Generalvertreter
Manfred Sebastiany
Bahnhofstraße 8 c

76137 Karlsruhe

Ihr Zeichen, Ihre Nachricht vom	Unser Zeichen, unsere Nachricht vom	Telefon, Name	Datum
	py-kr	223, Müller	..-05-15

Neue Stoffkollektion

Sehr geehrter Herr Sebastiany,

wie Sie schon in der Besprechung der Außendienstmitarbeiter am 5. dieses Monats in Stuttgart erfahren haben, werden wir vom 1. Juli dieses Jahres an einige neue Modelle aufnehmen und dafür mehrere alte Modelle aus unserem Fabrikationsprogramm streichen. Alle Stoffkollektionen werden mit dem 30. Juni dieses Jahres ungültig.

Sie erhalten rechtzeitig Muster unserer neuen Stoffkollektionen. Natürlich wollen wir nach besten Kräften versuchen alle Bestellungen über Stoffe aus der alten Kollektion noch zu berücksichtigen. Zur Zeit werden die neuen Preislisten und Prospekte gedruckt. Das gesamte Werbematerial erhalten Sie voraussichtlich noch im Laufe dieses Monats.

Bei dieser Gelegenheit bitten wir Sie künftig besonders auf Folgendes zu achten: Bei allen Modellen mit Rohrgeflecht muss genau angegeben werden, welche Holz- und Rohrfarbe der Kunde wünscht. Wir können keine Reklamationen anerkennen, die durch falsch ausgefüllte Auftragszettel entstanden sind.

Mit freundlichen Grüßen

MÖBELFABRIK
MAX FEINIGER & CO KG

ppa.

Dr. Pauly

Geschäftsräume	Telex	Telegramm-Kurzanschrift	Konten

Ihr Zeichen: no-be
Ihre Nachricht vom: 21.04.20..
Unser Zeichen: rh-kl
Unsere Nachricht vom: 25.04.20..

Name: Herr M. Meyer
Telefon: 02641 122-**1234**

Datum: 26.04.20..

Fabrik für Haushaltsmaschinen
Wilhelm Baumann & Co. KG
Postfach 45 67

54235 Trier

Haushaltsmaschinen und Küchengeräte

Sehr geehrte Damen und Herren,

Sie haben unseren großen Auftrag noch nicht ausgeführt, obwohl Sie unsere Bestellung rechtzeitig erhalten haben. Am 15. d. M. hatten wir bei Ihrem Frankfurter Bezirksvertreter verschiedene Haushaltsmaschinen und Küchengeräte bestellt.

Sie hatten unseren Auftrag mit Ihrer Bestellungsannahme vom 21. d. M. bestätigt. Sie haben keine Lieferzeit angegeben. Wir mussten also annehmen, dass Sie unseren Auftrag in kurzer Zeit erledigen. Nun warten wir immer noch auf die Lieferung.

Die Waren sind für die Großküche einer bedeutenden Firma bestimmt. Wir haben den Auftrag nur erhalten, weil wir der Firma die Lieferung bis spätestens 4. Mai zugesagt hatten. Das hatten wir Ihrem Bezirksvertreter ausdrücklich erklärt.

Hat Ihr Mitarbeiter unseren Lieferwunsch nicht mitgeteilt? Auf jeden Fall bitten wir Sie uns die Haushaltsmaschinen und Küchengeräte sofort zu liefern. Leider haben Sie uns schon mehrmals lange warten lassen.

Mit freundlichen Grüßen

Großhandlung
Alfred Liesenfeld & Söhne

ppa. Rheinfeld

Geschäftsräume | Telex | Telegramm-Kurzanschrift | Konten

Marina-Kosmetik
Frau Elisabeth Klein
Uferstraße 40

24106 Kiel

Ihr Zeichen, Ihre Nachricht vom	Unser Zeichen, unsere Nachricht vom	Telefon, Name	Datum
	as-wo		..03-19

Sonderhefte

Sehr geehrte Frau Klein,

die Kd-Redaktion wird dieses Jahr am 15. Juli und 15. August ein gesondertes Themenheft herausbringen. Als Schwerpunkt des ersten Heftes haben wir das Thema „pflegende Kosmetik" gewählt. Für den 15. August ist „dekorative Kosmetik" als Hauptthema vorgesehen.

Diese Sonderhefte sollen einen besonderen Kundenkreis ansprechen. Die Themen werden nach folgenden Gesichtspunkten gegliedert:

- Vorstellung neuer Produkte
- Marktübersicht
- Fachartikel
- Marktindex

Marktindex. Es soll unseren Lesern als Jahres-Orderhilfe für pflegende und dekorative Kosmetik dienen. Zur optimalen Ausgestaltung bitten wir Sie uns folgende Angaben zu machen:

1. genaue Firmenbezeichnung und Anschrift
2. Namen und Fotos Ihrer leitenden Angestellten für die Bereiche Geschäftsführung, Marketing und Verkauf
3. Auflistung Ihrer Produkt-Kollektionen, und zwar gegliedert nach Linien und Referenzen

Wir wären Ihnen dankbar, wenn Sie uns möglichst rasch die entsprechenden Informationen zukommen lassen könnten.

Mit freundlichen Grüßen

Kd-Redaktion
Drogeriewaren-Fachmagazin

Ulrike Assmann

Geschäftsräume | Telex | Telegramm-Kurzanschrift | Konten

Landwirtschaftliche Großhandlung
Gebrüder Kleidermann KG
Postfach 19 10 83

60051 Frankfurt

Ihr Zeichen, Ihre Nachricht vom	Unser Zeichen, unsere Nachricht vom	Telefon, Name	Datum
	re-ki	211	..-03-12

Neue Kundenfachzeitschrift

Sehr geehrte Damen und Herren,

Sie kennen die Zeitschrift „Technik und Landwirtschaft". Wir haben uns entschlossen diese Zeitschrift zu übernehmen und zu einer wirksamen Kundenfachzeitschrift auszubauen. Es ist uns gelungen, die Redaktion für diese neue Aufgabe zu gewinnen.

Sie erhalten heute die Probenummer, die wir nur an unsere Stammkunden senden. Dürfen wir Sie um Ihr Urteil bitten? Auf dem Formblatt haben wir einige Fragen zusammengestellt. Die Antworten werden wir selbstverständlich sorgfältig auswerten.

Für Sie ist es wohl besonders wichtig, dass Sie neben Ihren Fachanzeigen auch redaktionelle Beiträge aufnehmen lassen können, die den Leser über Ihr Aufgabengebiet informieren. Wir können Ihnen wirklich günstige Bedingungen einräumen:

Wenn Sie mindestens 150 Zeitschriften beziehen, werden wir Ihren Firmennamen kostenlos eindrucken. Sie erhalten unsere Zeitschrift zum Selbstkostenpreis. Bitte prüfen Sie unser Angebot und bestellen Sie dann „Technik und Landwirtschaft".

Mit freundlichen Grüßen

Verlag
Karlheinz Baumann GmbH

ppa. Klaus Friedrich i. V. Andrea Baum

Anlagen
1 Probenummer
1 Formblatt

Geschäftsräume Telex Telegramm-Kurzanschrift Konten

Frau
Margot Wegener
Heinrichstraße 16

40882 Düsseldorf

Ihr Zeichen, Ihre Nachricht vom	Unser Zeichen, unsere Nachricht vom	Telefon, Name	Datum
	do-fr	234, Herr Klein	..-11-15

Ihre Hausratversicherung

Sehr geehrte Frau Wegener,

wir haben von Ihrem Wohnungswechsel Kenntnis erhalten. Der Versicherungsschutz erstreckt sich im Rahmen dieses Vertrages auch auf Ihre neue Wohnung. Sie sind jedoch verpflichtet uns jede Gefahrenerhöhung anzuzeigen.

Senden Sie bei jeder festgestellten oder auch vermuteten Gefahrenerhöhung den unteren Abschnitt des beigefügten Nachtrages ausgefüllt und unterschrieben zurück. Als Gefahrenerhöhung gelten in der Hausratversicherung:

1. Das Gebäude, in dem sich der versicherte Hausrat befindet, ist nicht massiv oder unter harter Bedachung errichtet.
2. Im Gebäude selbst oder im Umkreis von 30 m sind chemische Betriebe oder feuergefährliche Stoffe vorhanden.
3. Bei dem Gebäude handelt es sich zum Beispiel um ein Wochenend- oder Gartenhaus.
4. Die Wohnung ist länger als 60 Tage hintereinander unbewohnt oder unbeaufsichtigt.

Liegt eine Gefahrenerhöhung vor, so ist die Gesellschaft berechtigt eine erhöhte Prämie zu erheben. Wird eine Gefahrenerhöhung nicht angezeigt, so ist die Gesellschaft im Schadenfall von der Verpflichtung zur Leistung frei.

Eine eventuell notwendige Erhöhung können Sie mit der Veränderungsanzeige beantragen. Sollten Sie noch Fragen haben, so wenden Sie sich an uns. Wir beraten Sie jederzeit unverbindlich.

Mit freundlichen Grüßen

HEG-Versicherung AG

i. V.

Doppler

Anlage
1 Nachtrag

Geschäftsräume Telex Telegramm-Kurzanschrift Konten

Modern-Moden GmbH
St.-Peter-Straße 20

40599 Düsseldorf

Ihr Zeichen, Ihre Nachricht vom	Unser Zeichen, unsere Nachricht vom	Telefon, Name	Datum
	lb		..-10-15

Geschäftseröffnung in der Niederhutstraße

Sehr geehrte Damen und Herren,

für meine Geschäftseröffnung am 1. Januar 20.. bitte ich um Übersendung Ihrer neusten Musterkollektion und Preisliste. Ich würde mich sehr freuen, wenn Sie mir einige Teile Ihrer Musterkollektion für meine Schaufenster zur Verfügung stellen könnten. Mein Geschäft ist sehr günstig in der Fußgängerzone gelegen.

Über eine gute Geschäftsverbindung werde ich mich freuen.

Mit freundlichen Grüßen

BADAOUI-MODEN

Lotte Badaoui

Rationalisierung des Schriftverkehrs

Zur Rationalisierung des Schriftverkehrs werden heute verschiedene Vordrucke eingesetzt. Den Vordruck A4 kennen wir. Wenn wir das Format A4 um ein Drittel des Blattes kürzen, so erhalten wir den <u>Vordruck</u> <u>2/3 A4.</u> Er wird für Kurzmitteilungen verwendet. Die Anordnungsregeln sind in Anlehnung an A4 zu beachten.

Ist für die Antwort eines Briefes nur ein kurzes Begleitschreiben erforderlich, so wählt man gerne den <u>Kurzbrief.</u> Dies ist eine Mitteilung in Kurzform, in der meist nur ein Wort angekreuzt wird.

Eine andere Form ist der <u>Auswahltext,</u> wenn von mehreren Antworten mindestens eine durch den Sachbearbeiter angekreuzt wird. Die Mitteilung erfolgt dann mit ganzen Sätzen, die einen kurzen Sachverhalt wiedergeben.

Ein Schriftstück wird zur <u>Blitzantwort,</u> wenn die Antwort direkt auf das Original gesetzt wird. Der Empfänger macht sich eine Kopie und schickt das Original mit der handschriftlichen Antwort an den Absender zurück.

Frank Möller 20..09-27
Biergasse 1
53498 Bad Breisig
•
•
•
•
Herrn Bürgermeister
Ewald Fleicher
Am Markt 12
•
53498 Bad Breisig
•
•
•
Sehr geehrter Herr Bürgermeister,
•
seit zwei Jahren betreibe ich in der Biergasse 1 einen Eissalon, der nur im Sommer geöffnet ist. Für den Winter kann ich für die Existenz meiner Familie keine ausreichenden Ersparnisse erwirtschaften, habe aber das ganze Jahr hindurch die Ladenmiete von 900,00 € zu zahlen.
•
Ich möchte Sie nun bitten mir die Schankerlaubnis für Wein und Spirituosen zu erteilen, damit ich auch während der Wintermonate mein Geschäft betreiben kann.
•
Mit freundlichen Grüßen
•
•
•

•
•
•
•
Martha Fischer 27. September 20..
Exportabteilung
•
•
•
•
Herrn
Direktor Engelhardt
•
•
•
Sehr geehrter Herr Direktor Engelhardt,
•
seit dem 1. Aug. erledige ich die Arbeit meiner Kollegin, Frau Bäcker, mit, die in den Ruhestand getreten ist.
•
Dadurch werde ich so stark belastet, dass ich häufig Überstunden machen muss. Auch die Verantwortung, die ich zu tragen habe, ist erheblich größer geworden.
•
Ich bitte Sie deshalb mein Monatsgehalt entsprechend meiner neuen Tätigkeit zu erhöhen.
•
Mit freundlichen Grüßen
•
•
•

Merkregel: Schreiben Sie in der Praxis lieber einen Brief neu, wenn er nicht fehlerlos ist. Der Brief ist die Visitenkarte des Betriebes und wirft immer ein gutes bzw. schlechtes Licht auf denjenigen, der ihn geschrieben und unterschrieben hat.

Aufgaben zur normgerechten Gestaltung nach DIN 5008 Neu
Entnehmen Sie die fehlenden Daten dem Inhalt des jeweiligen Brieftextes, machen Sie selbstständig Absätze.

1. Aufgabe: Absender: Bundesverband für den Selbstschutz, 53111 Bonn
Empfänger: Familie Käthe und Klaus Feldmann, Hauptstr. 91 b, 56170 Bendorf

Herr Kleidermann schreibt im Auftrag des Bundesverbandes:

Sehr geehrte Familie Feldmann, selten kündigen sich Katastrophen an. Die meisten Menschen trifft es unvorbereitet, die wenigsten haben vorgesorgt. Gewiss führt der Staat schon viele Vorsorgemaßnahmen durch. So wurde zum Beispiel ein Katastrophenschutz aufgebaut. Die Vorsorge des Staates kann aber nicht umfassend sein. Im Falle einer Katastrophe können die Einheiten des Katastrohenschutzes nicht überall gleichzeitig helfen. Sie müssen zuerst Schwerpunkte setzen und berücksichtigen. Es kann also sein, dass Sie einige Zeit auf sich allein gestellt sind und wissen müssen, was zu tun ist. Ihre Familie muss vorgesorgt haben. Vor allem aber sollten Sie Helfen gelernt haben. Ihr Verbandspäckchen in der Hausapotheke ist nicht viel wert, wenn Sie nicht wissen, wie Sie einen Verband anlegen. Beim Stromausfall nutzt Ihnen kein Konservenvorrat, wenn Sie keinen Behelfskocher haben. Vorsorge und Vorräte müssen also sinnvoll aufeinander abgestimmt sein. Darum lesen Sie unbedingt die Broschüre, die wir Ihnen mit diesem Schreiben senden. Freundlichen Gruß

2. Aufgabe: Absender: Kunstgeschäft Gabriele Winter, 56068 Koblenz
Empfänger: Frau Ute Sommer, Rheinufer 54, 56564 Neuwied

Frau Heinzen schreibt im Auftrag von Frau Winter:

Sehr geehrte Frau Sommer, niemand kann vorhersagen, wie sich die Preisentwicklung von Sammeltellern verändert. Nicht einmal die Experten sind da immer einer Meinung. Nach Ansicht der Fachleute werden nur selten so herrliche Teller angeboten. Die dritte Ausgabe der Serie „Die großen Erfinder in der Geschichte" ist endlich erschienen. Diese Teller erwecken in letzter Zeit wegen der Einmaligkeit dieser Kunstrichtung großes Interesse. Die Nachfrage nach Tellern aus vorangegangenen Serien trägt natürlich zu einem weiteren Anstieg der Preise bei. Ein zweiter Grund, der für den Erfolg dieser Serie spricht, ist der Bekanntheitsgrad des Bildhauers. Alle weiteren Einzelheiten können Sie den beiliegenden Druckschriften entnehmen. Ich kann Ihnen heute einen Teller aus dieser Serie zum Preis von 130,00 € anbieten, wenn Sie Ihren Auftrag innerhalb der nächsten 10 Tage an uns absenden. Mit freundlichen Grüßen, Anlagen

3. Aufgabe: Absender: Furnierwerke Josef Huber, 83022 Rosenheim
Empfänger: Möbelfabrik Paul Müller, z. H. Herrn Walter Meier, Postfach 20 20, 32010 Herford

Josef Huber beantwortet eine Bitte um Auskunft vom 15. d. M.:

Sehr geehrter Herr Müller, mit der genannten Firma stehe ich seit Jahren nicht mehr in Verbindung und kann Ihnen leider die gewünschte Auskunft nicht erteilen. Ich empfehle Ihnen jedoch sich an Herrn Franz Kargel, Salzburger Straße 4, 83278 Traunstein zu wenden. Soweit mir bekannt ist, gehört er schon lange zu den Lieferern der Firma. Mit freundlichen Grüßen

Aufgaben: Schreiben Sie nachstehende Briefe normgerecht auf Vordruck A4. Wählen Sie als Briefdatum das Tagesdatum und setzen Sie selber den passenden Wortlaut als Betrefftext ein. Ergänzen Sie bitte die Lücken (...) im Text sinngemäß. Bilden Sie die Bezugszeichen aus der Absenderangabe. Sie wissen: Absätze machen den Brief übersichtlich.

4. Aufgabe: Absender: Frau Herta Gerber, Klöcknerstr. 2, 56727 Mayen
Empfänger: City-Club, Postfach 1702, 10669 Berlin

Frau Herta Gerber schreibt:

Sehr geehrte Damen und Herren, ich interessiere mich für Ihre Club-Angebote in Firenze/Italien und bitte Sie mir einen Sommer... 20.. an o. g. Anschrift zu senden. Haben Sie auch ein besonders vorteilhaftes ... für die Zeit vom ... bis ...? Ich hätte gern ein Appartement für eine Person. Mir ist bekannt, dass das sehr ... für Sie zu organisieren sein wird, aber vielleicht haben Sie etwas Glück. Sie wurden mir besonders für außergewöhnliche ... mit Freizeitmöglichkeiten empfohlen. Ich erwarte mit Interesse Ihre ... Nachricht. Mit freundlichen Grüßen

5. Aufgabe: Absender: City-Club, Dr. Frank Schmelzer,
Empfänger: Frau Herta Gerber, Klöcknerstr. 2, 56727 Mayen

Der City-Club antwortet:

Sehr geehrte Frau Gerber, es freut uns sehr, dass Ihnen unser „Rotari-..." empfohlen wurde. Unsere Mühe hat sich gelohnt, denn wir haben etwas Passendes für Sie gefunden. Als Anlage erhalten Sie ... Angebote zur Auswahl. Geben Sie uns bitte bald Bescheid, welches Appartement Sie wählen. Wir können diese ... länger als zwei Wochen ... Wir wünschen Ihnen eine gute Wahl und hoffen sehr, dass Sie etwas finden, das Ihren Wünschen entspricht. Mit freundlichen Grüßen, Anlagen, 5 Prospekte

6. Aufgabe: Absender: Textilfabrik Schwarz & Weiß KG, ppa. Greiber
Empfänger: Herrn Generalvertreter Gustav Wagner, Heinrich-Heine-Ufer 14 a, 50996 Köln

Die Textilfabrik schreibt:

Sehr geehrter Herr Wagner, aus unserem Telefongespräch wissen Sie schon, dass wir vom ... April d. J. an Frau Inge Schütz als Außendienstmitarbeiterin für unser Verkaufsgebiet Koblenz einstellen. Frau ... wird besonders unsere Kunden in Andernach und Neuwied betreuen. Wir bitten Sie mit Frau Inge ... ebenso freundschaftlich zusammenzuarbeiten wie mit ... Ralf Simon, dem früheren Koblenzer Außendienstmit... Sie wissen, dass Herr Simon Ihren fachmännischen ... und Ihre Hilfe sehr geschätzt hat. Deshalb sind wir überzeugt, dass Sie auch der ... Kollegin viele nützliche Hinweise geben können. Dies gilt besonders für die schwierige ..., den Textilfachhandel zu beraten und die Textilgeschäfte mit Verkaufsargumenten zu versorgen. Am besten wäre es, wenn Sie Frau Inge Schütz eine Zeit lang einarbeiten könnten. Wir denken an ... oder vier Wochen. Selbstverständlich werden Sie ... Verdienstausfall haben. Wie beurteilen Sie unseren Vorschlag? Mit freundlichem Gruß

Tipp: Üben Sie so lange, bis der Brief wirklich fehlerfrei ist.

Aufgaben: Schreiben Sie die folgenden Texte auf 2/3 A4-Briefvordrucke ab und bestimmen Sie die Absätze selbst.

7. Aufgabe:

Absender:	Modehaus Anita Luger Am Stadttor 29 53474 Bad Neuenahr-Ahrweiler	Empfänger:	Hotel Imperial Herrn Direktor Kurt Marko 8020 Graz ÖSTERREICH

Diktatzeichen: schm-ma
Datum: ..-02-12

Sehr geehrter Herr Direktor Marko, schon einige Male konnten wir in Ihrem Hotel Contici eine Modenschau veranstalten. Auch in diesem Jahr haben wir wieder eine besonders interessante Frühjahrskollektion zusammengestellt, die wir gerne Ihren Gästen zeigen wollen. Könnten wir zu diesem Zweck den „Krönungs-Saal" für den 5. August 20.. (ganztags) mieten? Einzelheiten über den Verlauf der Veranstaltung wird Ihnen unsere Assistentin, Frau Merz, mitteilen. Mit freundlichen Grüßen

8. Aufgabe:

Absender:	Hotel Imperial	Empfänger:	Modehaus Anita Luger

(vervollständigen Sie die Anschriften)

Diktatzeichen: mar-ko
Datum: ..-02-18

Sehr geehrte Frau Schmalbach, wir danken Ihnen für Ihren Brief vom 20..-02-12 und freuen uns, dass wir Ihnen wieder einmal behilflich sein können. Für die Modenschau Ihrer Firma am 5. August 20.. haben wir wunschgemäß den „Krönungs-Saal" reserviert. Wir hoffen, dass es, wie in den letzten Jahren, wieder ein voller Erfolg wird, und werden alles zu Ihrer Zufriedenheit arrangieren. Mit freundlichen Grüßen

9. Aufgabe:

Absender:	Meister Vordruckverlag Oskar Käfer Postfach 47 11 53498 Bad Breisig	Empfänger:	Frau Studiendirektorin Dr. Erna Kluge Hauptstr. 24 56599 Leutesdorf

Diktatzeichen: sch-pa
Datum: ..-05-11
Betreff: Vorlesung über „Normung im Büro"

Sehr verehrte Frau Dr. Kluge, besten Dank für Ihre Nachricht. Sie erhalten mit gleicher Post unseren Vordruckkatalog 90 als vollständige Übersicht unseres Verlagsprogramms. Bitte teilen Sie uns mit, für welche Vordruckgebiete oder einzelnen Artikel Sie sich besonders interessieren. Wegen des großen Umfanges ist es leider ausgeschlossen, Ihnen eine vollständige Mustersendung zu überlassen. Der Katalog an sich enthält aber bereits eine große Anzahl Abbildungen, die sehr anschaulich sind. Es ist auch möglich, Ihnen einige weitere Exemplare dieses Kataloges zu senden. Bitte sagen Sie uns, was wir zudem für Sie tun können. Freundlichen Gruß, Meister Vordruckverlag, i. V. Scheller, Anlage, 1 Vordruckkatalog

Wir üben allgemeine Abkürzungen

Tipp: Stellen Sie den Tabulator auf Grad 25 ein.

ADAC	Allgemeiner Deutscher Automobil-Club
AF	Air France (franz. Luftfahrtgesellschaft)
AG	Aktiengesellschaft
AOK	Allgemeine Ortskrankenkasse
Az.	Aktenzeichen
BGB	Bürgerliches Gesetzbuch
DAG	Deutsche Angestellten-Gewerkschaft
DGB	Deutscher Gewerkschaftsbund
DIN	Deutsche Industrie-Norm
Dipl.-Ing.	Diplomingenieur
Dipl.-Kfm.	Diplomkaufmann
Dipl.-Volksw.	Diplomvolkswirt
EStG	Einkommensteuergesetz
e. V.	eingetragener Verein
GmbH	Gesellschaft mit beschränkter Haftung
HGB	Handelsgesetzbuch
i. A.	im Auftrag
IHK	Industrie- und Handelskammer
IRK	Internationales Rotes Kreuz
KG	Kommanditgesellschaft
LSt	Lohnsteuer
LVA	Landesversicherungsanstalt
ppa. = pp.	per procura
S.	Seite
s. a.	siehe auch
TH	Technische Hochschule
WEZ	westeuropäische Zeit
z. B.	zum Beispiel
z. b. V.	zur besonderen Verwendung
z. d. A.	zu den Akten (erledigt)
z. H.	zu Händen
z. T.	zum Teil

Merkregel: Sind Abkürzungen mit Punkt unterteilt, dann bestehen sie aus verschiedenen Wörtern, die ungekürzt ausgesprochen werden, und deshalb wird zwischen die einzelnen Buchstaben je ein Leerzeichen gesetzt (wie z. T. = zum Teil). Abkürzungen, die buchstäblich bzw. wie selbstständige Wörter gesprochen werden, werden ohne Punkt und in sich ohne Leerzeichen geschrieben.

Geläufigkeitssätze mit Abkürzungen

In unserem Sortiment finden Sie Bücher, z. B. für den Urlaub. 67
Diese Post muss z. H. Herrn Dr. Winkelmann abgeschickt werden. 68
Herr Direktor Dipl.-Kfm. Kurt Gräse wohnt in 42105 Wuppertal. 67

Die Nassauische Heimstätte GmbH hat ihren Sitz in Frankfurt. 67
Nach § 44 HGB dürfen Briefe auf Mikrofilm aufbewahrt werden. 67
Die Regeln DIN 5008 erscheinen im Beuth Verlag in Berlin. 66

Sicherheit durch Abschreibübungen

Arbeit als Herausforderung und Existenzgrundlage

Viele Menschen sind nur dann gern berufstätig, wenn sie dabei 64
das Gefühl haben mehr als nur ein Rädchen im Getriebe zu sein. 130
Sie identifizieren sich dann auch immer mehr mit ihrer Arbeit. 195
Wer will sich schon in der Rolle des bloßen Befehlsempfängers 260
sehen? Wem passt es, lediglich Anweisungen von Vorgesetzten 324

ausführen und nur die Ideen und Vorstellungen übergeordneter 387
Mitarbeiter verwirklichen zu müssen? Für das Selbstwertgefühl, 454
das Interesse und die Motivation ist es sehr wichtig, dass man 519
am Arbeitsplatz Verantwortung tragen kann. Handlungsabläufe 582
und den Ermessens- und Handlungsspielraum sollte jeder voll 644

ausschöpfen und Kreativität einbringen können. So stimmt es 706
nicht verwunderlich, dass Berufe mit Freiräumen, mit Einfluss- 771
und Handlungsmöglichkeiten ein erheblich größeres soziales 831
Ansehen gewinnen. In puncto Beurteilung und Einschätzung der 896
Arbeit spielen folgende Kriterien eine Rolle: die schulische 961

und berufliche Ausbildung und Qualifikation, die Art und Form 1027
der Tätigkeit, z. B. geistige oder körperliche, saubere oder 1090
schmutzige Arbeit, die Verdienstmöglichkeiten, der Einfluss, 1154
gewisse Statussymbole und Veränderungsspielraum. Eine sichere 1219
berufliche Existenz gewinnt aufgrund des Arbeitsplatzmangels 1282

und hoher Arbeitslosenquoten zunehmend an Bedeutung. Für die 1346
Berufswahl sind Neigung, Eignung, Aufstiegsmöglichkeiten und 1411
der Verdienst längst nicht mehr die einzigen Kriterien um 1471
die richtige Entscheidung zu treffen. Eine Umfrage unter den 1535
jungen Leuten erbrachte das folgende Ergebnis: 87 % männliche 1600

und 85 % weibliche Jugendliche nannten an erster Stelle ihre 1665
beruflichen Erwartungen und Hoffnungen auf einen sicheren und 1729
guten Arbeitsplatz. Die Höhe des Verdienstes rangierte sehr 1793
deutlich dahinter. Unbestritten ist, dass die moderne Technik, 1859
der Einsatz von Robotern und Mikrocomputern ständig eine neue 1924

Anpassung und laufend ein Um- und Neulernen im Berufsleben 1987
erfordern. Mit Beendigung der Ausbildungszeit hat der junge 2050
Mensch heutzutage keineswegs schon ausgelernt. Im Gegenteil, 2114
das Lernen hört niemals auf. Solange der Mensch aktiv am 2174
gesellschaftlichen Leben teilnimmt, muss er sich gründlich 2235

fort- und weiterbilden. Wer mangels Training und Anforderung 2298
seine Lernbereitschaft und Lernfähigkeit verliert, gerät sehr 2362
rasch in das berufliche Abseits, auf das sog. Abstellgleis. 2424

Tipps für Leute, die nie Zeit haben

Mein Interesse an sinnvoller Zeiteinteilung geht auf meine 63
Tätigkeit als Assistent eines amerikanischen Senators zurück. 129
Jedes Kongressmitglied ist täglich mit dringenden Aufgaben 192
konfrontiert, die sich zeitlich überschneiden: Abstimmungen 255
im Plenum, Ausschusssitzungen, Reden und Interviews. Ebenso 320

muss man sich über eine Vielzahl von Themen ständig auf dem 383
Laufenden halten. Erfolgreiche Parlamentarier entwickeln 444
deshalb eigene Methoden, mit möglichst geringem Zeitaufwand 507
möglichst viel zu erledigen. Wenn sie es nicht tun, ist ihre 572
Wiederwahl gefährdet. Da ich nicht gerade gut mit meiner 632

Zeit umgehen konnte, begann ich ein paar der Kunstgriffe 692
anzuwenden, die ich den Politikern abgeguckt hatte. Hier 752
nenne ich Ihnen einige, die mir am besten geholfen haben. 812
Planen Sie. Man braucht einen Tagesplan, sonst verwendet man 878
zu viel Zeit auf das, was einem zufällig auf den Schreibtisch 943

flattert. Man macht dann leicht den verhängnisvollen Fehler, 1008
dass man sich zu viel mit Problemen statt mit Chancen befasst. 1074
Legen Sie für jeden Tag einen Rahmenplan fest mit besonderer 1140
Berücksichtigung der zwei oder drei Hauptpunkte, die Sie ganz 1206
bestimmt schaffen möchten - und vergessen Sie dabei auch die 1269

Dinge nicht, die Sie Ihren Fernzielen näher bringen sollen. 1334
Wissenschaftliche Untersuchungen beweisen, was uns schon der 1398
gesunde Menschenverstand sagt: Je mehr Zeit wir Menschen in 1464
die Planung eines Vorhabens investieren, desto weniger Zeit 1528
beansprucht es am Ende. Lassen Sie nicht zu, dass die Hektik 1594

des Alltags die nötige Zeit für die Planung aus Ihrem Schema 1661
verdrängt. Konzentrieren Sie sich. Das Wichtigste bei der 1724
Zeiteinteilung ist die Konzentration. Menschen, die mit der 1788
Zeit nicht zu Rande kommen, wollen immer zu viel auf einmal 1851
erledigen. Nicht die auf ein Vorhaben verwendete Gesamtzeit 1915

ist das Entscheidende; es kommt darauf an, wie lange Sie 1975
ununterbrochen daran arbeiten. Kaum ein Problem kann einem 2037
konzentrierten Angriff standhalten; kaum eines lässt sich 2097
stückchenweise lösen. Machen Sie Pausen. Lange zu arbeiten 2161
ohne zu pausieren ist uneffektiv. Die Energie lässt nach, 2222

Unlust stellt sich ein und Stress und Anspannung wachsen. 2284
Ein paar Minuten lang von geistiger Arbeit auf körperliche 2347
Bewegung umschalten - Lockerungsübungen, Umhergehen im Büro, 2413
ja, nur eine Zeit lang stehen statt immer zu sitzen - kann 2474
Abhilfe schaffen. Am besten ist es jedoch oft, wenn man sich 2538

einfach hinlegt. Eine Weile „Nichtstun" ist keine vertane 2602
Zeit. Die Erholungspause wird nicht nur Ihre Leistungsfähigkeit 2672
steigern, sondern auch Verkrampfungen lösen. Das kommt Ihrer 2738
Gesundheit zugute. Alles, was zur Gesundheit beiträgt, ist 2801
vernünftige Zeiteinteilung. 2830

So macht Ihnen die Arbeit wieder Spaß

Vier von fünf Beschäftigten haben meist Grundlegendes an ihrer 67
Arbeit auszusetzen. Zu diesem Schluss kommt Richard Germann, 133
der seit 25 Jahren als Karriereberater tätig ist. Dabei ist 197
eine positive Arbeitseinstellung enorm wichtig für den Erfolg. 263
Wer an seiner Tätigkeit keinen Spaß mehr hat, wird am Ende 327

Schiffbruch erleiden. Warum sind so viele Menschen unzufrieden 394
mit ihrer Arbeit? Es gibt zwei Hauptgründe. Erstens: Einige 462
sind überzeugt, Geld verdienen sei Zeitverschwendung. Jeder 526
solle das Leben genießen oder seine wahren Talente entdecken. 591
Trifft das für Sie zu, dann erinnern Sie sich einmal an einen 657

längeren Urlaub. Waren es wirklich drei Wochen ungetrübter 720
Erholung? Vermutlich haben Sie die ersten 14 Tage die Sonne 787
genossen und den Rest der Zeit gedacht: „Es ist verflixt, ich 855
kann es kaum erwarten, ins Büro zu gehen." Wenn Sie diese 918
Ferienmüdigkeit bisher in Ihrem Leben noch nie verspürt haben, 985

stellen Sie sich einmal vor, Sie würden einmal einen längeren 1050
unbezahlten Urlaub nehmen. Sie könnten ein spannendes Buch 1113
schreiben, einen Fortbildungslehrgang besuchen oder einfach 1175
vor dem Fernseher sitzen. Wahrscheinlich wäre schon nach drei 1240
Monaten Ihr Selbstwertgefühl auf dem Nullpunkt angelangt. 1304

Nichts als Arbeit ohne jedes Vergnügen ist schon schlecht, 1367
doch das Gegenteil ist katastrophal. Wir brauchen alle das 1429
Gefühl etwas vollbracht zu haben. Und wir brauchen alle eine 1493
gewisse Ordnung im Leben. Der zweite und vielleicht häufigere 1559
Grund, weshalb manche keine Freude an der Arbeit haben, ist 1623

das Gefühl der Ausweglosigkeit. Wer seit fünf Jahren bei der 1689
gleichen Firma arbeitet, eine Familie hat und Schulden auf dem 1756
Haus, vermisst häufig die Freiheit etwas anderes zu tun, wenn 1821
die Dinge nicht wie geplant laufen. Ein festes Gehalt kann 1884
schon die stärkste aller Fesseln sein. Menschen mögen es in 1947

aller Regel nicht, wenn sie etwas tun müssen, weil sie keine 2010
andere Wahl haben. Sollten Sie bei sich feststellen, dass Ihnen 2078
Ihre Arbeit missfällt, weil Sie es sich nicht leisten können 2144
einfach zu kündigen, ist es vielleicht an der Zeit einmal 2206
einen aktuellen Lebenslauf zu schreiben. Sie können genauso 2270

regelmäßig den Anzeigenteil Ihrer Zeitung lesen und bei allen 2337
geschäftlichen Veranstaltungen behutsam Kontakte knüpfen. Ihre 2405
gegenwärtige Stellung geben Sie nicht auf, aber Sie schaffen 2471
sich ein Hintertürchen. Sollte Ihre berufliche Situation eines 2540
Tages unerträglich werden, können Sie viel eher kündigen. 2602

Diese Möglichkeiten zu haben kann Wunder wirken. Sie gehen 2667
wieder mit mehr Freude an die Arbeit, weil Sie es selbst so 2732
entschieden haben. Wesentlich ist, dass Sie die Verantwortung 2799
für Ihre Situation übernehmen. Die meisten Menschen fühlen 2865
sich von der Umwelt gegängelt, aber das stimmt nicht. Sie 2928

müssen lernen mit dieser Umwelt richtig umzugehen, damit sie 2993
von ihr bekommen, was sie brauchen. Denken Sie daran: Niemand 3061
hat Zeit oder Lust Ihnen aus Ihrem Tief herauszuhelfen. Es 3128
liegt an Ihnen Ihre Einstellung zu ändern. Hier sind einige 3193
Vorschläge, wie Sie das Problem anpacken können: - Träumen 3257

Sie wenig, planen Sie viel. Oft rät R. Germann unzufriedenen 3323
Arbeitnehmern sich ihren Traumjob vorzustellen - was sie in 3385
Wirklichkeit tun möchten und wie ihr Arbeitsplatz aussehen 3445
sollte. Das hilft Ihnen zu definieren, was für Sie einen solchen 3512
Traumberuf ausmacht. Gliedern Sie Ihre Traumstelle in viele 3577

kleine Teile. Wenn Sie sich als Nachwuchsführungskraft sehen, 3644
die unter einem tollen Chef in einer Abteilung arbeitet, es in 3710
Wirklichkeit aber als Sachbearbeiter mit einem tyrannischen 3773
Chef als Einkaufsleiter zu tun haben, schauen Sie sich nach 3837
„Trittsteinen" um, die Ihnen den Aufstieg ermöglichen. Sie 3903

könnten sich z. B. um eine Versetzung innerhalb der Abteilung 3969
bemühen um dem Tyrannen zu entrinnen. Oder wie wäre es mit 4031
einer untergeordneten Position in der Marketingabteilung? Nun 4097
kümmern Sie sich um eine Zusatzausbildung oder Schulung um 4160
sich dann als Führungskraft zu empfehlen. Finden Sie zumindest 4225

heraus, welche Qualifikationen Sie brauchen um befördert zu 4286
werden. Einen eigenen Plan zu machen und zu befolgen ist eine 4348
der besten Möglichkeiten Ihr Selbstwertgefühl zu verbessern. 4410
Stellen Sie sich vor, Sie wären ganz unabhängig. Malen Sie 4470
sich einmal aus, Sie führten einen kleinen Einmannbetrieb 4527

mit einem Hauptkunden, Ihrem Arbeitgeber. Teilen Sie Ihre Zeit 4594
stets so ein, dass Sie nicht nur den Anforderungen des Kunden 4656
gerecht werden, sondern auch andere Bereiche Ihrer Tätigkeit 4718
weiterentwickeln können, die für Ihre Zukunft wichtig sind. 4778
Angenommen, Sie müssen bei Ihrer Arbeit oft Berichte schreiben 4844

und stellen fest, dass Sie sehr gut formulieren können. Die 4905
Geschäftsleitung mag das wenig interessieren, aber Sie als 4966
Unternehmer sollten erkennen, dass Ihr Talent Ihnen völlig neue 5034
Märkte eröffnet. Statt langatmige allgemeine Verlautbarungen 5099
abzuliefern bemühen Sie sich um geschliffene Formulierungen 5162

und machen Ihr Produkt so für neue Kunden interessant. Ganz 5226
besonders nützlich ist die Strategie, weil sie die Motivation 5290
den Chef zufriedenzustellen durch das Bestreben ersetzt, die 5353
eigenen Fähigkeiten zu erkennen und auszubauen. Trennen Sie 5414
stets Arbeit und Vergnügen. Stellen Sie sich vor: Sie laden 5478

einen netten Freund für einige Tage zu sich ein. Am zweiten 5539
Tag liegen seine Sachen überall herum. Am dritten Tag döst 5600
sein Bernhardiner auf Ihrer Couch. Am vierten kommen Sie 5661
bereits nicht mehr in die Garage, weil dort sein Auto steht. 5722
Packt Sie da nicht die Wut? 5751

Schriftgutverfilmung

Der Mikrofilm wird nach über dreißig Jahren auch heute noch in 67
der Praxis eingesetzt. Die nach wie vor noch sehr starke 127
Zunahme an Informationen wird den Mikrofilmeinsatz weiterhin 192
begünstigen. Denn gerade der Mikrofilm hat den Vorteil, von 256
Datenträgern unterschiedlicher Beschaffenheit und Größe den 320

einheitlichen Datenträger zu schaffen. Dies wiederum ist eine 385
wichtige Grundlage für die wirtschaftliche und preiswerte 445
Bereitstellung der Informationen. Die heutige Hauptaufgabe des 513
Mikrofilms ist aktiv im Tagesablauf dafür zu sorgen, dass die 578
Papierflut möglichst schon beim Entstehen eingedämmt wird. Er 644

soll den Informationsfluss verbessern und damit entscheidende 708
Rationalisierungseffekte erzielen. Die technische Voraussetzung 776
für den Mikrofilm besteht in der Fotografie und ihrer Fähigkeit 844
Vorlagen stark verkleinern zu können, bei Bedarf wieder auf 907
Originalgröße zu bringen und beliebig oft zu duplizieren. 967

Mikrofilmgeräte und -materialien haben heute einen hohen, 1027
ausgereiften technologischen Stand und sind in aller Regel sehr 1094
einfach zu bedienen. Der Gesetzgeber hat die rechtlichen 1154
Voraussetzungen geschaffen. Nach dem Mikrofilmgesetz ist der 1219
Mikrofilm für aufbewahrungspflichtige Akten anerkannt, jedoch 1284

nicht bei Bilanzen. Der Mikrofilm hat eine Reihe von Vorteilen, 1354
die ihn für den praktischen Einsatz so interessant werden 1414
lassen: 1. Der Originalcharakter eines verfilmten Dokumentes 1479
bleibt erhalten. 2. Die Möglichkeit der Platzersparnis von bis 1546
zu 95 %. 3. Bleibende Ordnung nach der Verfilmung. 4. Ein 1610

Entnehmen und damit ein Nichtzurücklegen des Dokumentes ist 1674
nicht möglich. 5. Schneller und sehr gezielter Rückgriff auf 1738
die archivierten Unterlagen. 6. Kostengünstiges Vervielfältigen 1806
(Duplizieren) und preiswertes Verteilen an interne und externe 1874
Stellen. Diese Vorteile des Mikrofilms werden von zahlreichen 1941

Unternehmen schon lange genutzt. Auch von der Gesetzgeberseite 2008
sind alle Möglichkeiten gegeben den Mikrofilm aktiv im Büro 2072
einzusetzen. Im Sinne der Abgabenordnung sind Aufzeichnungen 2138
empfangener Handelsbriefe oder Wiedergaben abgesandter Briefe, 2205
Buchungsbelege und, soweit sie für die Steuer von Bedeutung 2269

sind, auch Geschäftspapiere und andere Unterlagen mindestens 2333
sechs Jahre aufzubewahren, sofern nicht in anderen Gesetzen 2396
kürzere Fristen bestimmt sind. Dieses Schriftgut kann zur 2458
Erfüllung der gesetzlichen Pflicht als Mikrofilm aufbewahrt 2522
werden; das gilt auch für die Buchungsbelege, die frühestens 2586

nach 10 Jahren vernichtet werden dürfen. Mit der Verwendung des 2654
Mikrofilms wird der gesetzlichen Aufbewahrungspflicht genügt, 2719
wenn das Verfahren sicherstellt, dass die Wiedergabe mit der 2783
Urschrift übereinstimmt. 2810

Informationsverarbeitung

Gesprächsnotizen, Aktennotizen und Aktenvermerke als 56
Informationsträger spielen heute trotz der modernen 109
Kommunikationstechniken noch eine große Rolle im internen 169
Bereich vieler Unternehmen. Die Gesprächsnotiz enthält 228
stichwortartig die wesentlichen Punkte eines Gesprächs. 286

Dabei kann es sich um eine persönliche Unterredung oder um 347
ein Telefongespräch handeln. Verschiedene Verlage bieten 407
Vordrucke im Format A5 für Gesprächsnotizen an. Man kann 469
damit besonders rationell arbeiten. Die „Gesprächsnotiz" 530
wird meistens handschriftlich während oder nach dem 582

Telefongespräch ausgefüllt. Der besondere Vorteil dieses 642
Vordrucks liegt nicht nur in der Arbeitserleichterung, 699
sondern auch in der schriftlichen Dokumentation des 752
mündlichen Gesprächs. Neben der Gesprächsnotiz kann bei 811
der Planung eines (Telefon-)Gesprächs der Vordruck 868

„Gesprächsvorbereitung" eingesetzt werden. Hiermit wird 928
der Ablauf des Gesprächs beschleunigt, alle wichtigen 984
Punkte werden behandelt und schriftlich dokumentiert. Der 1044
Informationsträger „Aktennotiz" ist mit der Gesprächsnotiz 1108
eng verwandt: Aktennotizen enthalten auch stichwortartig 1167

alle wesentlichen Punkte einer Beratung, Besprechung oder 1228
Sitzung. Dieser Informationsträger wird von einem der 1285
Gesprächsteilnehmer angefertigt, in der Regel von allen 1343
Beteiligten unterschrieben und zur Kenntnisnahme sowie 1400
Ablage verteilt. Die Anfertigung einer Aktennotiz erfolgt 1462

mit der Schreibmaschine oder dem Textsystem nach einem 1519
ganz bestimmten Inhaltsrahmen. Bei einer Aktennotiz 1574
sollten berücksichtigt werden: Überschrift (Aktennotiz), 1636
Gesprächspunkt(e), Zeitpunkt, Ort, Teilnehmer, Inhalt des 1701
Gesprächs, Gesprächsergebnis. In der Praxis ist bei 1757

kürzeren Aktennotizen auch der Einsatz von Vordrucken 1814
üblich. Die ausführliche Form einer Aktennotiz ist der 1872
Aktenvermerk. Dieser Informationsträger beinhaltet neben 1932
den wichtigen Punkten einer Aktennotiz auch noch andere 1990
Gesichtspunkte, wie z. B. Meinungen und Eindrücke. 2045

Bitte wieder von vorne beginnen!

Wenn die Sonne lacht

Ohne Sonne wäre der Sommer nur halb so schön. Daran besteht 64
kein Zweifel. Und so legt sich ein Großteil der Bevölkerung 128
bei den ersten wärmenden Sonnenstrahlen auf Balkon, Terrasse 192
oder Wiese um eine „gesunde" Hautfarbe zu bekommen. Viele 255
haben aber keine Ahnung vom richtigen Umgang mit der Sonne. 318

Es ist richtig, die Sonne zu genießen. Es ist aber auch gut, 382
sie zu meiden. Weshalb und warum - das erfahren Sie gleich. 444
Eine große Wirkung hat die Sonne auf das Gemütsleben der 505
Menschen. Das natürliche Licht hemmt die Bildung eines 564
Hormons, das Depressionen fördert. Die Lebensfreude kommt. 627

Eine spürbare Steigerung der Stimmung soll schon eintreten, 690
wenn man dreimal wöchentlich eine Viertelstunde die Sonne 750
genießt. Die Sonne macht auch munter. Nebennieren und 807
Schilddrüse werden stimuliert, das Herz schlägt kräftiger 868
und schneller. Der Körper nimmt jetzt mehr Sauerstoff auf. 930

Dieser Sauerstoff weckt die Lebensgeister. Man wird aktiver 994
und legt mehr Wert auf einen erfüllten Tagesablauf. Auch die 1058
Widerstandskraft wird durch die Sonne erhöht. Das liegt an 1120
einem Hormon, das durch den Lichteinfall in unserer Haut 1180
gebildet wird. Dieses Hormon stärkt nun unser Immunsystem. 1242

Die Sonne beschleunigt die Heilung von kleineren Wunden und 1306
von einigen Hautkrankheiten. Die im Licht enthaltenen UVC- 1370
Strahlen töten Bakterien ab, die sonst unseren Organismus 1431
angreifen würden. Ferner trägt die Sonne auch zur Kräftigung 1495
von Knochen, Haaren und Zähnen bei. Kennen Sie Vitamin D? 1561

Die Sonne bewirkt, dass das lebenswichtige Vitamin D gebildet 1627
wird, was die Aufnahme von Kalzium aus der Nahrung möglich 1689
macht. Schließlich verleiht das Sonnenlicht auch eine sehr 1750
attraktive Bräune. Beachten Sie bitte, dass Sie sich - je 1812
nach Ihrem Hauttyp - nur eine gewisse Zeit sonnen dürfen. 1873

Danach gehen Sie am besten in den Schatten und geben Ihrer 1936
Haut die Chance zum Abkühlen. Benutzen Sie eine Sonnencreme. 2003
Dann dürfen Sie die Sonne so viel mehr genießen, wie der 2067
Lichtschutzfaktor hoch ist. Nehmen Sie die Creme ungefähr 2130
20 Minuten vor dem Sonnenbad. Es gibt auch Schattenseiten. 2193

Bei zu langer Bestrahlung wehrt sich die Haut mit einem 2252
Sonnenbrand, der nicht nur schmerzhaft ist, sondern auch 2310
sichtbare Hautschäden hervorrufen kann. Außerdem führen zu 2391
ausgiebige Sonnenbäder zu einer vorzeitigen Hautalterung. 2431
Der Prozess wird nämlich durch die UVA-Strahlen beschleunigt. 2499

Telefonieren - Diktieren - Buchstabieren

Nachfolgend finden Sie das deutsche und das internationale Buchstabieralphabet. Arbeiten Sie nicht gerade in einer Exportabteilung, so sollten Sie wenigstens das deutsche Buchstabieralphabet auswendig lernen und beim Telefonieren und Diktieren beherrschen.

Aufgabe: Stellen Sie Ihren Tabulator ein und schreiben Sie die Buchstabieralphabete ab:

Buchstaben	**Deutsch**	**International**
A	Anton	Amsterdam
Ä	Ärger	
B	Berta	Baltimore
C	Cäsar	Casablanca
CH	Charlotte	
D	Dora	Dänemark
E	Emil	Edison
F	Friedrich	Florida
G	Gustav	Gallipoli
H	Heinrich	Havanna
I	Ida	Italia
J	Julius	Jerusalem
K	Kaufmann	Kilogramm
L	Ludwig	Liverpool
M	Martha	Madagaskar
N	Nordpol	New York
O	Otto	Oslo
Ö	Ökonom	
P	Paula	Paris
Q	Quelle	Quebec
R	Richard	Roma
S	Samuel	Santiago
ß	Eszett	
Sch	Schule	
T	Theodor	Tripolis
U	Ulrich	Uppsala
Ü	Übermut	
V	Viktor	Valencia
W	Wilhelm	Washington
X	Xanthippe	Xanthippe
Y	Ypsilon	Yokohama
Z	Zacharias	Zürich

Test-Aufgaben zu den Regeln nach DIN 5008 Neu

Aufgabe: Wo stecken hier die Fehler? Schreiben Sie die Sätze ohne Fehler ab. Zur Kontrolle finden Sie die gleichen Sätze auf der nächsten Seite noch einmal ohne Fehler.

1 Sie hatten unseren Auftrag vom 23. v. M. noch nicht ausgeführt.
2 Sämtliche §§ sind geändert. Sie erhalten 10 % Nachlass.
3 Wir rechnen mit einem 25 %igen Gewinn. Der Börse erhält 11 ‰.

4 Die Rechnung lautet auf 30,40 €. Die Reparatur kostet 19,– €.
5 Wir hatten Ihnen wegen der Reparaturen am 3.11... geschrieben.
6 Können Sie uns diese Geräte bis spätestens 3.April .. liefern?

7 Es wäre günstig, wenn alle stets das Postfach 1 130 50 angäben.
8 Sie können uns bald unter der Rufnummer (02641)34433 erreichen.
9 Wird Sie die Beträge sofort auf PGK Hmb 23 0504-202 überweisen?

10 Am vergangenen Montag war der Anschluss Tx 31571-0 oft gestört.
11 Diese Bankleitzahl (577 51310) wird in der Rechnung eingedruckt.
12 In der Abrechnung stellte ich einen Fehlbetrag von -,75 € fest.

13 Wir arbeiten schon seit Jahren mit der Tiefbau AG gut zusammen.
14 Der Sessel Nr.27 wird ab 10. Juni d.J. für 585.50 € verkauft.
15 Sollten diese Waren bei Abnahme von 115 kg nur 120.50 $ kosten?

16 Die Strecke Remagen-Bonn-Bad Godesberg-Köln wurde gesperrt.
17 Die Außentemperatur betrug am vorletzten Donnerstag nur + 10°C.
18 Wir haben schon 3 bis 4mal versucht Sie in Bonn zu erreichen.

19 Es sind genügend Wanderkarten im Maßstab 1:100 000 auf Lager.
20 Wir haben bei Kleinschmidt & Dreyer 5 Gasrohre 3/4" ø bestellt.
21 Unsere Filiale in Königstein (Taunus) wird Sie gerne beliefern.

Beantworten Sie die folgenden Fragen schriftlich:

22 In der wievielten Zeile beginnt die Empfängeranschrift bei einem A4-Briefblatt?

23 Wo beginnt der Betrefftext und wie oft wird bis zur Anrede geschaltet?

24 Wie müsste der folgende Briefabschluss gegliedert werden?

Mit bester Empfehlung, EUROPA-Druckerei Gebrüder Degen OHG
ppa. Antony, Anlage 1 Informationsmappe

Test-Lösungen nach DIN 5008 Neu

1 Sie hatten unseren Auftrag vom 23. v. M. noch nicht ausgeführt.
2 Sämtliche Paragraphen sind geändert. Sie erhalten 10 % Nachlass.
3 Wir rechnen mit einem 25%igen Gewinn. Die Börse erhält 11 o/oo.

4 Die Rechnung lautet auf 30,40 €. Die Reparatur kostet 19,00 €.
5 Wir hatten Ihnen wegen der Reparaturen am ..-11-03 geschrieben.
6 Können Sie uns diese Geräte bis spätestens 3. April .. liefern?

7 Es wäre günstig, wenn alle stets das Postfach 11 30 50 angäben.
8 Sie können uns bald unter der Rufnummer 02641 34433 erreichen.
9 Wird Sie die Beträge sofort auf PGK Hmb 2305 04-202 überweisen?

10 Am vergangenen Montag war der Anschluss Tx 31571-0 oft gestört.
11 Die Bankleitzahl 577 513 10 wird in der Rechnung eingedruckt.
12 In der Abrechnung stellte ich einen Fehlbetrag von 0,75 € fest.

13 Wir arbeiten schon seit Jahren mit der Tiefbau-AG gut zusammen.
14 Der Sessel Nr. 27 wird ab 10. Juni d. J. für 585,50 € verkauft.
15 Sollten diese Waren bei Abnahme von 115 kg nur 120.50 $ kosten?

16 Die Strecke Remagen - Bonn-Bad Godesberg - Köln wurde gesperrt.
17 Die Außentemperatur betrug am vorletzten Donnerstag nur +10 °C.
18 Wir haben schon 3- bis 4-mal versucht Sie in Bonn zu erreichen.

19 Es sind genügend Wanderkarten im Maßstab 1 : 100 000 auf Lager.
20 Wir haben bei Kleinschmidt & Dreyer 5 Gasrohre 3/4" ø bestellt.
21 Unsere Filiale in Königstein (Taunus) wird Sie gerne beliefern.

22 Die Empfängeranschrift beginnt in der 13. Zeile des A4-Briefblattes mit dem Postbeförderungsvermerk bzw. in der 15. Zeile, wenn dieser entfällt.

23 Der Betrefftext beginnt in der 24. Zeile des A4-Briefblattes und dann wird bis zur Anrede 3-mal geschaltet.

24 Der Briefabschluss muss wie folgt gegliedert werden:

•
Mit bester Empfehlung
•
EUROPA-Druckerei
Gebrüder Degen OHG
•
ppa.
•
Antony

Anlage
1 Informationsmappe

ISBN 3-572-01489-1

© 2003 by Orbis Verlag, einem Unternehmen der Verlagsgruppe Random House GmbH, 81673 München
www.orbis-verlag.de
© der Originalausgabe 2002 by Falken Verlag, Niedernhausen
Die Verwertung der Texte und Bilder, auch nur auszugsweise, ist ohne Zustimmung des Verlags urheberrechtswidrig und strafbar. Dies gilt auch für Vervielfältigungen, Übersetzungen, Mikroverfilmung und für die Verarbeitung mit elektronischen Systemen.

Umschlaggestaltung und Titelbild: Peter Udo Pinzer
Zeichnungen: Pia Selbach, Wuppertal; Wolfgang Löbner, Frankfurt (S. 7)
Redaktion: Gabi Neumayer, Köln; Winfried Schindler
Nachauflagenredaktion: Iris Hahner

Die Ratschläge in diesem Buch sind von der Autorin und vom Verlag sorgfältig erwogen und geprüft, dennoch kann eine Garantie nicht übernommen werden. Eine Haftung der Autorin bzw. des Verlags und seiner Beauftragten für Personen-, Sach- und Vermögensschäden ist ausgeschlossen.

Satz: Raasch & Partner GmbH, Dreieich
Druck: Tesinska Tiskarna

Printed in the Czech Republic

817 2635 4453 6271